Bestell-Nr.: RKW 5003
3. Auflage 2016
© 2014 by Kawohl Verlag, 46485 Wesel
Verlag für Jugend und Gemeinde
Alle Rechte vorbehalten
Titelfoto: Getty Images / R. McVay
Lektorat, Satz und Umschlaggestaltung: RKW
Druck und Verarbeitung:
Drukarnia Dimograf, Bielsko-Biała, Polen
ISBN 978-3-86338-003-8   www.kawohl.de

Reinhold Ruthe

Was meine Seele stark macht

Mit Resilienz das Leben meistern

kawohl

Inhaltsverzeichnis

Strategie Nr. 5:
Geduld trainieren   **64**

Strategie Nr. 7:
Lebenslügen aufgeben

Strategie Nr. 8:
Das krank machende Prinzip
„Ganz oder gar nicht"   **122**

- Der Mensch und sein Gottähnlichkeitsstreben
- Wie kann sich ein Alles-oder-nichts-Syndrom
  entwickeln?
- Welche anderen Einstellungsmuster
  können das Ganz-oder-gar-nicht-Denken
  beeinflussen?
  Muster Nr. 1:
  Ich bin ein ganz besonderes Kind
  Muster Nr. 2:
  Ich bin ein diktatorisches Kind
  Muster Nr. 3:
  Ich bin ein unzuverlässiges Kind
  Muster Nr. 4:
  Ich bin ein Kind, das die Wünsche
  und Erwartungen der anderen erfüllen muss
- Das verstiegene Ideal
- Das Überforderungssymptom
- Entweder schwarz oder weiß
- Petrus und das Alles-oder-nichts-Prinzip
- Hilfe Nr. 1:
  Einsicht ist der erste Schritt zur Veränderung
- Hilfe Nr. 2:
  Reif werden heißt, kindliche
  Verhaltensweisen abzulegen

Was ist Resilienz?
Ein Vorwort

Enttäuschungen, Misserfolge und Krisen gehören zu unserem Leben. Nicht alles kann glatt laufen. Misserfolge, Pleiten und Enttäuschungen können uns umwerfen, bedrohen oder entmutigen. Entscheidend aber sind unsere Bewertungen, Wahrnehmungen und Reaktionen.

Erleben wir Enttäuschungen und Konflikte als Katastrophen? Überfallen uns unüberwindliche Ängste und Befürchtungen? Verlieren wir unser emotionales Gleichgewicht? Peinigen uns Ohnmachtsgefühle? Fühlen wir uns ausgeliefert und in einer Sackgasse?

Zweifellos gibt es Menschen, die anlagebedingt pessimistischer und befürchtender reagieren, die es schwerer haben, mit neuem Mut, mit neuen Ideen und mit innerer Stärke daran zu gehen, so genannte „Schicksalsschläge" und Misserfolge erfolgreich zu überwinden.

Wer aber die Krisen als Herausforderungen oder als Prüfungen Gottes versteht, wird ganz sicher mit neuem Mut, mit neuem Vertrauen und mit gewonnener Zuversicht daran gehen, die Widrigkeiten zu meistern.

In Psychologie, Therapie und Seelsorge werden die Fähigkeiten, erfolgreich Stolpersteine zu überwinden, mutig soziale Fertigkeiten zu entwickeln und mit neuer Energie Rückschläge zu verarbeiten, mit *Resilienz* bezeichnet.

Das Wort kommt aus dem Lateinischen *resiliare* = abprallen, ablenken. Der Pionier der Resilienzforschung ist der amerikanische Psychologe Norman Garmezy. Er wollte wissen, wie stark sich bestimmte Risikofaktoren auf die Entwicklung von Kindern und Jugendlichen auswirkten, die in den Slums der Großstadt Minneapolis aufwuchsen. Viele Kinder gediehen, obwohl sie in extrem ärmlichen Verhältnissen aufwuchsen. Garmezy fand ein Phänomen, das er als *„Unverwundbarkeit"* charakterisierte.

Der Chefredakteur von „Psychologie heute", Heiko Ernst, kommentiert die Resilienzforschung folgendermaßen:

„Die betroffenen Kinder sehen ihre Probleme als Herausforderung. Schwierigkeiten spornen sie zu besonderen Anstrengungen an, sie können das Negative teilweise ausblenden und positive Gegengewichte finden, indem sie die Unterstützung wenigstens *eines* bewunderten oder geliebten Menschen suchen und finden. (…) Die Formel muss im Lichte der neueren Ergebnisse lauten: Resiliente können sehr wohl verwundet werden, aber nicht besiegt."[1]

Resiliente, also innerlich starke Kinder und Erwachsene sind dann besonders „unverwundbar", wenn sie einen bewunderten und geliebten Menschen kennen, der sie als Vorbild begleitet. Wie viel besser sind Menschen dran, die Christus nicht nur bewundern, sondern ihn lieben, sich von ihm anspornen und das Rückgrat stärken lassen. Forschungen in vielen Ländern der Welt belegen, dass der Glaube ihnen hilft, besser und effektiver mit Krisen, Konflikten, Rückschlägen und Enttäuschungen fertigzuwerden.

Wer

- sich von emotionalen Belastungen trennen kann,
- realistische Ziele ansteuern möchte,
- die Opferrolle verlassen will,
- das Positive sieht und wachsen lässt,

der verfügt über typische Fähigkeiten, die mit Resilienz umschrieben werden.

Menschen mit Resilienz verstehen Krisen als Barrieren, die übersprungen werden wollen, die mit Gottes Hilfe Erfolg versprechende Lösungsmöglichkeiten entwickeln, die Verantwortung übernehmen und mutig neue Wege suchen.

Diese Resilienz, diese innere Stärke, haben wir weitgehend nicht geerbt. Wir können sie aufbauen, wir können sie pflegen, wir können sie von Gott erbitten und trainieren. Diese Seelenstärke ist ein positiver Gestaltungsfaktor.

Der Glaube an Christus spielt dabei eine besondere Rolle. Glauben wir, dass Gott führt, dass alles an ihm vorbei muss, dann gehen wir zuversichtlich an die Arbeit, vertrauen seiner Führung und seinem Beistand. Dann ist der Glaube ein unentbehrliches Lebensmittel und eine notwendige Vertrauenszufuhr.

Resilienz oder seelische innere Stärke beinhaltet,
- selbstverantwortlich Probleme und Konflikte in die Hand zu nehmen,
- nicht die Schuld bei anderen Menschen oder Einrichtungen zu suchen,
- nicht zu resignieren, zu verzweifeln und aufzugeben,
- mit Mut, mit Selbst- und Gottvertrauen an die Analyse der Konflikte und ihre Bewältigung heranzugehen.

In der Psychologie hat es einen Blickpunktwechsel gegeben. Die Frage war plötzlich nicht mehr: „Was macht einen Menschen krank?" oder „Was führt dazu, dass ein Mensch scheitert?", sondern: „Was erhält einen Menschen auch unter sonst ungünstigen Bedingungen gesund?"

Wichtig: Die Blickrichtung hat sich geändert. Weg von der Pathologie, von der Lehre der Krankheiten, hin zur Prävention, zum vorbeugenden Verhalten.

Ich wünsche allen Lesern, dass sie ein paar Anregungen aufgreifen und im Leben umsetzen. Sie
können innere Aufbaukräfte mobilisieren, wenn
Sie wirklich wollen, wenn Sie mit Gottes Kraft neue
Wege und Lösungsmöglichkeiten wagen.

Strategie Nr. 1:
Vorsätze realisieren – Prävention praktizieren

Im Vorwort wurde es deutlich: Die Blickrichtung in der Psychologie, in der Therapie, auch in der Seelsorge hat sich geändert. Wir wollen nicht warten, bis das Kind in den Brunnen gefallen ist, bis sich seelische Krankheiten und seelische Störungen ausbreiten, bis der Arzt oder Therapeut dringend gerufen werden muss.

Vorbeugen ist besser als Heilen
Es geht mehr denn je um Vorsorge. Prävention hat heute Vorfahrt, auch in Form gesundheitlicher Vorsorge in Betrieben.

Der Vorbeugegedanke gehört zum uralten Weltwissen der Menschen. Darum schrieb der Arzt und Therapeut Dr. Till Bastian:

„Zu keiner Zeit der Menschheitsgeschichte wurde dieses ‚Prinzip Prävention' derart gröblich – und zum langfristigen Schaden aller! – vernachlässigt wie in der Gegenwart der technokratischen Industriegesellschaften, die in einer globalisierten Weltwirtschaft rücksichtslos miteinander konkurrieren. Prävention, also vorbeugende Verhinderung, findet kaum Aufmerksamkeit in der Politik und ebenso wenig – allen Lippenbekenntnissen zum Trotz – im Umweltschutz."[1]

Unser Leib ist ein Tempel des Heiligen Geistes,
kein Zubehörteil, das wir verkümmern und vernachlässigen dürfen, kein Gegenstand, der lediglich die ewige Seele beherbergt. Paulus hat es uns Christen ins Herz geschrieben:

> „Wisst ihr denn nicht, dass euer Körper der Tempel des Heiligen Geistes ist? Gott hat euch seinen Geist gegeben, der jetzt in euch wohnt."
>
> 1. Korinther 6,19

Der Heilige Geist will nicht in einer Bruchbude wohnen oder in einer Rumpelkammer. Unser Körper, unser Leib soll ein Tempel sein. Halten wir diesen Tempel sauber?

Junge und alte, gläubige und nicht gläubige Menschen haben gute Vorsätze. Besonders zu Silvester, aber auch zu anderen Gelegenheiten werden hehre Vorsätze und wohlklingende Absichten geäußert. Die meisten Menschen gehen skeptisch mit diesen „guten Vorsätzen" um. Warum ist das so?

Gute Vorsätze sind Beruhigungspillen für die Seele. „Eigentlich müsste ich das Rauchen aufgeben." „Eigentlich sollte ich mindestens 20 Kilo abnehmen." „Eigentlich sollte ich jeden Tag meine stille Zeit halten."

Gute Vorsätze sind Weichspüler für unser Gewissen. Ich befriedige meine Ansprüche mit Absichten, die leicht und locker vor mir her geschoben werden.

Das Wort „eigentlich" drückt eine Absicht aus, die mehr als fragwürdig ist.

Der irische Schriftsteller und Lyriker Oscar Wilde, der vieles frech und gekonnt formuliert hat, schrieb boshaft: „Gute Vorsätze sind Schecks, auf eine Bank gezogen, bei der man kein Konto hat." Mit anderen Worten: Gute Vorsätze sind nur dann etwas wert, wenn ich sie auch umsetzen kann.

Warum werden gute Vorsätze oft nicht realisiert?
Das Sprichwort kennen wir alle: „Der Weg zur Hölle ist mit guten Vorsätzen gepflastert." Ich beruhige mich mit edlen Gefühlen. Der gute Wille ist lobenswert. Die guten Absichten werden von vielen Menschen anerkannt.

Der Dichter Wilhelm Raabe kommentierte dieses Laster so: „Der schwierigste Weg, den ein Mensch zurückzulegen hat, ist der zwischen Vorsatz und Ausführung." Gute Vorsätze hingegen sind preisgünstig; gute Absichten sind billig.

Das Ganze hat einen christlichen Anstrich, aber bei Licht besehen, ist alles Fassade. Wir narkotisieren unser Gewissen, aber es passiert nichts. Der gute Wille ist vorhanden – jedenfalls sieht es so aus –, aber die Tat lässt auf sich warten.

Wie lauten die versteckten Motive? Sind die gesteckten Ziele zu hoch? Oder hat der Mensch nur einen schwachen Willen?

Schauen wir uns einige Hinweise an, die sich mit „guten Vorsätzen" beschäftigen. Sie verdeutlichen, wo Denk-, Einstellungs- und Planungsfehler liegen.

Hinweis Nr. 1: Die Erwartungen sind zu hoch

Je höher die Erwartungen, desto tiefer und bitterer die Enttäuschungen. Das ist eine herbe Wahrheit. Hohe Erwartungen und hohe Ansprüche sind nicht falsch, aber sie verleiten zur Resignation, wenn sie nicht erfüllt werden. Hohe Erwartungen lähmen die Aktivität, sie dämpfen die Motivation. Hohe Erwartungen sind immer mit großen Befürchtungen verbunden. Schon auf dem Wege der Planung, auf dem Wege der Vorbereitung schleichen sich Zweifel und pessimistische Gedanken ein. Erfüllen sich dann die Erwartungen nicht, gewinnt die Versuchung die Oberhand, *alles* hinzuwerfen.

In seinem Buch „Alles oder nichts" beschreibt der Psychoanalytiker Wolfgang Schmidbauer die Folgen einer zu hohen Erwartungshaltung:

„Die Trotzreaktion ist ein Ausdruck der narzisstischen Wut, die dann entsteht, wenn idealisierte Erwartungen nicht erfüllt werden. Der Jähzorn der Erwachsenen lässt sich in den meisten Fällen auf ganz ähnliche Weise mit der Enttäuschung narzisstisch besetzter Idealvorstellungen verknüpfen. (…) Ein Beispiel dafür sind sehr häufig die heftigen, verletzenden Auseinandersetzungen in Partnerbeziehungen, in denen beide Teile den anderen rachsüchtig bestrafen, dass er ihre Ideal-Vorstellungen nicht erfüllt."[2]

Schon bei kleinen Kindern finden wir diese idealisierten Erwartungen. Sie wollen einen Turm bauen, der stehen bleibt. Sie wollen stolz auf ihre Baukunst sein. Sie wollen nicht nur spielen, sie wollen sich auch zeigen. Fällt der Turm schon nach wenigen Lego-Lagen um, packt sie der Zorn. Schreiend und enttäuscht werfen sie alles um und fegen es vom Tisch.

Das war Hinweis 1:

Die Erwartungen sind zu hoch.

Hinweis Nr. 2: Wo ein Wille ist, da ist auch ein Weg

Das Sprichwort kennen wir alle. Doch der verstorbene große Psychotherapeut und Psychiater Viktor E. Frankl hat dieses Sprichwort in Frage gestellt. Denn es bedeutet im Umkehrschluss: Wo kein Wille ist, da ist auch kein Weg. Menschen benötigen aber nicht in erster Linie einen starken Willen, sondern positive *Ziele*. Er hat das Sprichwort so abewandelt: „Wo ein Ziel ist, ist immer auch ein Wille." Wer Ziele ansteuert, der hat auch den entsprechenden Willen, wer Ziele ansteuert, der findet euch die richtigen Wege.

Der seelisch Beeinträchtigte, redet sich gern mit seiner Willensschwäche heraus. Das kommentiert Frankl so:

„Aber beim Neurotiker ist es typischerweise ebenso: Was er an sich selber feststellt – auf das legt er sich immer auch schon fest; was er in sich vorfindet, damit findet er sich auch schon ab. Denn es ist typisch neurotisch, sich auf seine Komplexe und auf seinen Charakter auszureden und so zu tun, als ob man sich von sich selbst alles gefallen lassen müsste."[3]

Wir *glauben*, wir können nicht aus unserer Haut.
Wir *reden uns ein*, dass wir zu schwach sind.
Wir *bilden uns ein,* dass unsere Ressourcen zu klein sind.

Die Autorin Alexandra Rigos formuliert in ihrem Beitrag „Die innere Stärke wecken" die typischen Fähigkeiten des resilienten Menschen so:

„Tatsächlich zeigten viele Studien, dass spirituell ausgerichtete Menschen die Tiefschläge des Lebens oft besser verkraften als eher nüchterne Zeitgenossen. Spiritualität hilft ihnen, Sinn selbst angesichts schrecklicher Erfahrungen zu finden. Denn in resilienten Menschen erwacht irgendwann der Wille, sich nicht dauerhaft unterkriegen zu lassen."[4]

Wer einen Sinn im Leben kennt, verfolgt auch Ziele. Wenn dieser Sinn im Glauben an den lebendigen Gott gelebt wird, haben Verzweiflung und Resignation weniger Raum.

Hinweis Nr. 3:
Die Begriffe „müssen" und „sollen" sind problematisch

Viele feine Christen sind von einem falschen Pflicht-bewusstsein motiviert. Sie putzen ihre Wohnung, oder erleben andere Zwänge, weil sie glauben, sie *müssten* ihr Haus sauber halten, sie *müssten* abneh-men, sie *müssten* sonntags zur Kirche gehen ...

Sind wir Sklaven solcher Verpflichtungen? Ist es der Wunsch echten Dienens oder handelt es sich um falsche Forderungen gegen sich selbst?

Der Ausspruch „Ich muss" setzt Schuldgefühle voraus. „Ich *muss* meine Mutter zum Essen einla-den." Im Grunde will ich gar nicht. Bin ich wirklich entschlossen, dann muss ich sie nicht einladen, son-dern ich lade sie ein, weil ich ein echtes Bedürfnis verspüre.

Bedenken Sie bitte mal den Satz: „Ich *muss* die Frau heiraten ..." Am liebsten würde er sie sitzen lassen. Es handelt sich um keine freie Entscheidung.

Unser Herr aber erwartet, dass unsere Entschei-dungen freiwillig getroffen werden. Überprüfen wir einmal unsere falschen Vorsätze, die mit *müssen* oder *sollen* in Verbindung stehen. Weil sie unehrlich und widersprüchlich sind, befolgen wir sie nicht. Es bleiben gute Absichten, die uns ein gutes Gefühl vorgaukeln.

Weitere Hindernisse

Eine weitere Hürde für den guten Vorsatz, wird an folgendem Beispiel deutlich: Angenommen, wir legen ein zehn Meter langes und 25 Zentimeter breites Brett auf den Boden; zweifellos ist jeder fähig, darauf von einem Ende zum anderen zu gehen, ohne daneben zu treten. Aber nun stellen Sie sich das Brett etwa fünf Meter über der Erde vor. Wer wird noch fähig sein, auf solch einem schmalen Steg ein paar Schritte zu unternehmen? Schon beim zweiten Tritt werden Sie zittern und womöglich trotz aller Willensanstrengung abstürzen. Warum? Sie stellen sich im zweiten Fall die Gefahr vor. Sie könnten abstürzen.

Unser Denken setzt den Willen in Gang, aber die Vorstellungen, bestimmte Ängste und Befürchtungen laufen ihm entgegen. Wille und Vorstellungskraft müssen übereinstimmen. Bei dem gläubigen Arzt Dr. Weatherhead fand ich es sinngemäß so ausgedrückt: Würden wir fest an Christus glauben, der uns verheißt „ich vermag alles durch den, der mich mächtig macht, Christus" (Philipper 4,13), dann würden das Triebrad des Wollens und der Strom der gläubigen Erwartung in die gleiche Richtung laufen. Wille und unbewusste Vorstellungen würden übereinstimmen. Gute Vorsätze und unser Unbewusstes müssen kooperieren, sonst werden wir innerlich zerrissen.

Tägliche Vorsätze

Unter dieser Überschrift hat der Prediger und Referent Gordon MacDonald eine Reihe Vorsätze formuliert, die er in seiner täglichen Andachtszeit bedenkt. Wörtlich schreibt er dazu: „Ich nenne diese Sätze ,tägliche Vorsätze', weil ich nicht sicher bin, dass irgendjemand sie ,lebenslange Vorsätze' nennen kann. Es ist besser, die Dinge einen Tag nach dem anderen zu bestätigen." ·

Seine täglichen Vorsätze lauten:

- Zuhören: Wann immer, wie immer und wo immer Gott redet.
- Mich an meine Fähigkeiten zu erinnern, Gutes und Böses zu tun.
- Mehr ein Gebender, weniger ein Nehmender zu sein.
- Aggressiv dankbar zu sein.
- Treuer und verlässlicher Freund zu sein.
- Schnell zu vergeben, langsam darin zu sein, zu verletzen.
- Aufmerksam zu sein für jene, die leiden, beraubt und unterdrückt sind.
- Dem Bedürfnis nach Macht und Anerkennung zu widerstehen.
- Geleitet werden durch Überzeugung, nicht durch Anpassung.
- Die Schönheit und den Wert in jedem menschlichen Wesen zu suchen.

- Um meiner Enkel willen die Erde zu bewahren.
- Den Moment zu erwarten,
  wo alle Völker sich vor Jesus beugen werden.

Gordon MacDonald überprüft *jeden Tag* diese Vorsätze. Er weiß um die guten Absichten und weiß, dass wir uns ständig – auch als Christen – etwas vormachen. Er will vor sich selbst, vor anderen und vor dem lebendigen Gott wahrhaftig bleiben.

Darum geht es. Bei guten Vorsätzen laufen häufig wirkliches Wollen, Ängste und Befürchtungen und die Vorstellung „Ich will eigentlich nicht" gegeneinander. Wenn wir uns das im Glauben und im Gebet klarmachen, können wir innere Stärke mobilisieren, können wir positive Kräfte entwickeln und wir suchen und finden neue Lösungsmöglichkeiten.

Strategie Nr. 2: Gelassenheit einüben

Vor einigen Jahren stand an der Autobahn an vielen Stellen ein übergroßes Bild, das einen Schwan und sechs kleine Schwanenkinder darstellte, die ruhig und sicher hinter dem alten Schwan herzockelten. Wenn Sie entspannt fuhren, konnten Sie lesen, was unter dem Bild stand: „Gelassen läuft's." – Ein überzeugendes Bild für Stressfreiheit und für ein Leben mit weniger Spannung.

Ein gelassener Mensch ist heute ein Wesen vom andern Stern. Das Motto, das Wirtschaft und Gesellschaft antreibt, lautet:

„Immer höher, immer besser, immer schneller."

Dabei wünschen sich die meisten Menschen Gelassenheit. Sie wollen der Hetze, der Hektik und der Stressgesellschaft entfliehen. Sie möchten einige Gänge herunterschalten. Sie wollen die Sorgen, die Querelen und den täglichen Ärger vergessen. Wie kann das geschehen?

Von der Wiege bis zur Bahre geht es ums Loslassen

Wer nicht loslassen kann, wird nicht gelassen. Je mehr wir festhalten, desto gebundener und gefesselter sind wir.

Ist der Säugling geboren, wird er abgenabelt. Ist er abgenabelt, wird er allmählich selbstständig. Er verlässt den Schutz der Mutter, lernt laufen und geht erste Schritte allein. Jedes Lebensjahr lernt das Kind, unabhängiger zu werden. Die Distanz zu Eltern und Haus vergrößert sich. Die Eltern spüren: Wir haben Kinder geboren, die uns eine Zeitlang von Gott anvertraut sind, dann müssen wir sie los- und ziehenlassen. Das ist die Schöpfungsordnung Gottes.

Loslassen ist ein unausweichliches Lebensproblem. Kein Bereich unseres Lebens ist ausgeklammert. Loslassen ist eine Kunst. Warum fällt uns das Loslassen so schwer?

Wir klammern uns an Menschen, an Besitz, an Ämter und irdische Güter. Wir wollen festhalten und nicht loslassen, wir wollen an uns reißen und nicht abgeben, wir sperren uns und können nicht Abschied nehmen.

Gelassenheit können wir uns nicht abzwingen
Darum sind Appelle zur Gelassenheit zwecklos. Aufrufe zur Gelassenheit nützen nichts. Warum ist das so?

Eine einleuchtende Antwort hat der schon genannte international bekannte Psychiater Viktor E. Frankl geliefert. Er konnte unmissverständlich sagen: „Wer Lust anstrebt, dem vergeht sie; wer Glück anstrebt, dem zerbricht es: wer Gelassenheit anstrebt, dem zerrinnt sie zwischen den Fingern. Lust, Glück und Gelassenheit sind Zugaben, Beigaben,

Geschenke, wenn wir den Sinn des Lebens gefunden haben."

Ich übersetze: Wenn der Sinn unseres Lebens Christus ist, wenn wir vor ihm ruhig werden, wenn wir vor ihm unsere Sorgen und Kümmernisse auspacken, dann werden wir gelassen. Wir haben die Probleme los-gelassen.

Gelassenheit ist eine *Zugabe*, eine *Beigabe*. Abschalten funktioniert nicht, wenn die Grübelmaschine weiter auf Touren läuft. Selbst wenn wir in die Wüste fahren würden – wir nähmen uns mit.

Als Jesus in die Wüste ging, da wurde er vom Teufel versucht. In der Stille werden die Gedanken erst recht lebendig. Die Stille kann lauter werden als wir glauben. Das gilt besonders für depressive Menschen. Wenn sie allein in Urlaub fahren, wenn sie in der Stille und Abgeschiedenheit ausspannen wollen, tun sie sich in der Regel keinen Gefallen. In der Stille und nachts werden die Gedanken lebendig. Sie werden reflektiert, geordnet, verworfen und vor allem zergrübelt.

Wer sich Ruhe und Gelassenheit abtrotzen will, wird unglücklich. Wer aber die Sorgen, Grübeleien und unzähligen Befürchtungen vor Gott ablegen kann, kehrt ihnen den Rücken. Denn es geht darum, *nicht* die Sorgen, Konflikte und Ärgerpunkte *hinter sich* zu lassen, sondern *vor* ihm abzuladen. Er ist der größte Schuttabladeplatz der Weltgeschichte.

Wozu sind wir hektisch und angespannt?

Das ist eine echte Frage und eine Herausforderung. Viele Seelsorger und Therapeuten arbeiten finalanalytisch. Sie wollen die versteckten und oft unerkannten *Ziele* des Menschen mit dem Ratsuchenden entdecken. Die Fragen lauten:

- Was wollen wir mit Stress bezwecken?
- Wozu machen wir uns nervös und unruhig?
- Was treibt uns in den Arbeitseifer?

Und die Antworten können lauten:

- Wir wollen unsere hohen Ansprüche
  befriedigen,
- wir wollen unsere Minderwertigkeitsgefühle
  durch hohen Arbeitseifer überspielen,
- wir buhlen um Anerkennung
  und suchen Bestätigung,
- wir wollen von Chefs und anderen
  geliebt und geehrt werden,
- wir wollen gefallen und geben unser Letztes.

Sicher gibt es noch viele andere Antworten. Diese versteckten und unerkannten Ziele machen uns nervös, unruhig und rauben uns die Gelassenheit.

Ein weiterer unbewusster Antreiber kann *Angst* sein. Die Angst, ein erfolgloses Leben zu führen, nicht zu genügen, durchzufallen, unbedeutend zu sein. Es gibt niemals nur *die* Angst, sondern die vielen Gesichter der Angst.

Ängste schnüren zu. Ängste machen unfrei und unfroh. Angst ist der Hauptfeind der Gelassenheit. Wer von solchen Ängsten geleitet wird, muss sich anstrengen und abrackern. Erfolglosigkeit ängstigt nur, wenn wir auf Erfolg angewiesen sind.

Das heißt: Je mehr wir von Überlegenheits- und Geltungsstreben beherrscht werden, desto unruhiger, gehetzter und getriebener wirken wir.

Auch die *Abhängigkeit* von anderen Menschen kann uns die Gelassenheit rauben. Unabhängigkeit ist Stärke, große Abhängigkeit von anderen Menschen Schwäche. Abhängigkeit macht unfrei. In den Beziehungen sind wir nicht mehr wir selbst. Was tun wir?

- Wir hungern nach Anerkennung.
- Wir vermeiden Auseinandersetzungen.
- Wir wollen nicht anecken.
- Wir heulen mit den Wölfen.
- Wir ärgern uns schwarz, dass wir entgegen
  unserer Überzeugung nachgegeben haben.
- Wir sind wütend auf uns,
  weil wir uns nicht treu geblieben sind.

Wie sagte Jesus in der Bergpredigt: „Sagt ganz einfach Ja oder Nein; jedes weitere Wort ist vom Teufel." (Matthäus 5,37) Auch Paulus spricht die Abhängigkeit von Menschen an, wenn er schreibt:

„Ihr seid teuer erkauft; werdet nicht der Menschen Knechte." (1. Korinther 7,23)

Mit Sicherheit gibt es noch mehr Praktiken, die seelische Harmonie, die Ausgeglichenheit und die Gelassenheit zu verspielen.

Die Kunst der Passivität

Die meisten Menschen sind unablässig tätig und produktiv. Passivität erscheint ihnen bedrohlich oder gar verwerflich. Sie haben Angst vor Untätigkeit. *Wozu* sind sie untätig? *Was* steckt hinter ihrer blindwütigen Aktivität? *Was* wollen sie nicht sehen?

Ein paar Antworten. Die eine stammt vom Theologen und Philosophen Sören Kierkegaard in seinem Buch „Entweder – Oder". Er schreibt:

> „Unsere Zeit hat alle substanziellen Bestimmungen von Familie, Staat, Geschlecht verloren; sie muss das einzelne Individuum ganz sich selbst überlassen, dergestalt, dass dieses im strengen Sinne sein eigener Schöpfer wird." [1]

Das heißt, wenn der Mensch sich jeder Bestimmung entledigt hat, ist der Mensch frei. Das einzige, was ihn noch halten kann, ist er selbst. Er ist ausgeliefert an das Nichts, ausgeliefert an die eigene Ohnmacht. Nur wenn er arbeitet wie ein Verrückter, wie ein Besessener, wie ein Getriebener, kann er der Leere und dem Nichts entfliehen.

Byung-Chul Han hat in einem seiner Bücher auf den Punkt gebracht, was das bedeutet:

„Und um nicht in diesen Abgrund schauen zu müssen, ist er unablässig produktiv, tätig – sich der Illusion hingebend, dass es sich bei seinem zwanghaften Schaffensdrang um einen Ausdruck von Freiheit handelt. Gerade auf das nackte, radikal vergänglich gewordene Leben reagiert man mit der Hyperaktivität, mit der Hysterie der Arbeit und der Produktion."[2]

Hat der asiatische Philosoph nicht Recht? Wer in eine Zukunft ohne Ewigkeit, ohne Weiterleben schaut, wird immer wieder von der Sinnlosigkeit und der Leere eingeholt. Er flieht in die Arbeit, um zu vergessen. Er flieht in die Arbeit, um seinem Ende nicht ins Angesicht sehen zu müssen.

Und doch ist *Passivsein* kein Nichtstun. Denn wenn wir morgens aufstehen, die frische Morgenluft einatmen, den Gesang der Vögel hören, den Duft des Kaffees genießen und dankbar für die vergangene Nacht und die Bewahrung Gott danken, dann haben wir uns eingelassen auf die Welt, auf die Welt Gottes. Wir sind gelassen und aktiv. Deshalb empfiehlt die Bibel: „Werdet ruhig vor dem Herrn, erwartet gelassen sein Tun." (Psalm 37,7)

Wie schützen Sie sich vor dem Burnout? Wie gelingt es Ihnen, sich vor Überforderung, die in der Regel eine Selbstüberforderung beinhaltet, zu bewahren? Wie beugen Sie negativen Stresssymptomen vor?

Gelassen zu werden, ist eine Kunst. Und Kunst hängt mit Können zusammen. Können ist eine Tugend. Können will trainiert werden.

Ich hatte in der Zeit als Leiter einer Beratungsstelle in der Kirche einen Chef, der immer wieder den Satz betonte: „Herr, segne unser Tun und Lassen."

Erwarte gelassen *sein* Tun – das ist der Bibeltext.

Erwarte gelassen *seine* Antwort.

Erwarte gelassen *seine* Aufträge.

Heute bin ich sicher: Unser Herr treibt niemanden in die Hektik, unser Herr treibt niemanden in das Burnout.

Es ist sehr schwierig, die eigene Selbstsucht zu lassen, den übertriebenen Ehrgeiz aufzugeben und die eigenwilligen Ziele zu stoppen. Lassen heißt nicht, alles laufen lassen, alles gut finden, bei Misserfolgen resignieren, bei Niederlagen kapitulieren, in Spannung zu leben, weil neue Lösungen zu schwer erscheinen.

Was wollen Sie lassen?

- Angebote, die neue Anerkennung bringen?
- Dinge, die Sie kaufen möchten?
- Urteile über Menschen, die nicht Ihre Meinung teilen?

- Träume, die eher Illusionen gleichen?
- Ehrgeizige Pläne, Ihren Einfluss zu vergrößern?

Alles, was wir krampfhaft festhalten, werden wir verlieren. Je mehr es uns gelingt, unser Leben dem lebendigen Gott in die Hände zu geben, unsere Aktivitäten, unsere Pläne und unsere Entscheidungen ihm zu überlassen, desto *gelassener* werden wir Alltag und Sonntag, Gegenwart und Zukunft gestalten.

Strategie Nr. 3:
Zufriedenheit praktizieren

Eine der schönsten Aussagen, die man über einen Menschen machen kann, lautet: „Er ist so richtig glücklich und zufrieden, er führt ein erfülltes und zufriedenes Leben."

Zufriedenheit ist ein Wunschtraum, der uns in vielen verschiedenen Formulierungen begegnet:
- Innere Ruhe,
- seelische Ausgeglichenheit,
- Glückseligkeit,
- körperliches, seelisches und geistiges Wohlbefinden,
- in der Balance leben.

Zufriedenheit umfasst drei Bereiche
Sie zeigt sich auf drei Beziehungsebenen:
1. Zufriedenheit *mit sich selbst,*
2. Zufriedenheit *mit anderen,*
3. Frieden haben *mit dem lebendigen Gott.*

Mit dem Sündenfall ist dieses menschliche Froh-gestimmt-Sein zerbrochen. Eine dreifache Beziehungsstörung – auf den eben beschriebenen Ebenen – hat stattgefunden.

Der Mensch leidet unter einer *Beziehungsstörung mit sich selbst.* Sein Selbstwert, sein Selbstvertrauen, seine innere Balance und seine Ausgeglichenheit sind gestört.

Seit dem Sündenfall hat der Mensch *Beziehungs-störungen mit anderen*. Auch die anderen haben Störungen und Schwierigkeiten mit ihm. Die Störungen können Probleme mit Unterlegenheit, mit Überlegenheit, mit Eifersucht und Konkurrenzstreben, mit Rache und Krieg beinhalten.

Seit dem Sündenfall hat der Mensch Beziehungs-störungen *mit dem lebendigen Gott*. Ungehorsam und Sünde spielen eine Rolle, Unglaube und Zweifel beeinträchtigen das Verhältnis, Misstrauen und Rebellion stören die innige Verbindung.

Zufriedenheit und Friede sind erheblich eingeschränkt. Erst wenn auf diesen drei Ebenen mehr oder weniger Konfliktfreiheit besteht, kann Zufriedenheit einkehren.

Wie entsteht Unzufriedenheit?

Der Ursprung wurde schon genannt. Welche anderen Faktoren, die sich aus den Beziehungsstörungen nach dem Sündenfall ergeben haben, verstärken die Unzufriedenheit und die Friedlosigkeit? Ich nenne einmal sechs Gesichtspunkte, die in Beratung und Seelsorge immer wieder zur Sprache kommen und die Unzufriedenheit fördern:

Gesichtspunkt Nr. 1:
Durch hohe Anforderungen

Eltern und Erzieher, die häufig selbst sehr ehrgeizig und anspruchsvoll sind, geben ihre Ansprüche laut und leise, mit und ohne Druck weiter. Ihre Kinder sollen besser als andere sein. Ihre Kinder sollen mehr leisten als der Durchschnitt. Selbstansprüche werden häufig als Ansprüche an die anderen weitergegeben.

Gesichtspunkt Nr. 2:
Durch überdurchschnittlichen Ehrgeiz

Schon der Ehrgeiz ist eine fragwürdige Angelegenheit. In Schule, Wirtschaft und Gesellschaft wird der Ehrgeiz hoch bewertet. Es gibt selbstverständlich einen positiven Ehrgeiz, wenn er *nicht* andere schädigen, diskriminieren und andere herabsetzen will. Wenn es sich um einen Ehrgeiz handelt, der anderen helfen und beistehen will, der sich nicht in erster Linie egoistisch und eigensüchtig darstellt. Wenn es sich um einen Ehrgeiz handelt, der Nächstenliebe und Mitmenschlichkeit in den Mittelpunkt stellt.

Heute erleben wir allerdings, dass Ehrgeiz häufig negativen Stress und seelische Störungen hervorruft. Die Selbstüberforderung ist durch Getriebensein und Arbeitssucht gekennzeichnet. Nicht selten stehen am Ende nervliche Zusammenbrüche oder das Burnout.

Gesichtspunkt Nr. 3:
Durch Überkompensation
Viele junge und ältere Menschen leiden an Minderwertigkeitsgefühlen. Sie fühlen sich nicht wertvoll, nicht geliebt, nicht anerkannt und nicht genügend bestätigt. Sie glauben, sie müssten sich profilieren, müssten sich darstellen, müssten gelten. Sie tun des Guten zu viel. Sie übertreiben. Sie übernehmen und überfordern sich. Die überhöhten Anstrengungen vertreiben die Zufriedenheit.

Gesichtspunkt Nr. 4:
Durch Versagen
Pleiten, Pech und Pannen gehören zum Leben. Niederlagen, Misserfolge und Krisen können den Menschen völlig umwerfen. Sie können ihn mutlos machen und Resignation hervorrufen. Viele sehen sich als Versager und kommen nie wieder auf die Beine. Sie zweifeln an sich und allen Möglichkeiten. Sie haben den Glauben an sich verloren. Ihre Lebenseinstellung spiegelt Unzufriedenheit und Unglücklichsein wider.

Sie können aber auch durch Versagenserlebnisse mit neuem Lebensmut ausgerüstet werden. Trotz und Jetzt-erst-recht-Gefühle können diese Menschen stärken und ertüchtigen. Die beschriebene Resilienz beinhaltet die Widerstandskraft, die Bewältigungsstrategie und die innere Stärke, Krisen und Misserfolge als Herausforderung zu verstehen und mit neuem Mut und neuer Kraft neue Lösungsmöglichkeiten zu suchen.

Gesichtspunkt Nr. 5:
Durch Vergleichen
Sich vergleichen gibt Ärger. Wer sich vergleicht, wertet auf und ab. Er begründet die Rivalität und Konkurrenzsucht. Kain und Abel erfahren diese Störung sofort nach der Vertreibung aus dem Paradies:

„Ackerbau ist wichtiger als Viehzucht."

„Landwirte sind notwendiger als Viehzüchter."

„Älteste Kinder haben mehr zu sagen als jüngere."
Am Ende steht ein Mord, der erste in der Weltgeschichte. Gott warnt uns, wie schnell aus Eifersucht Hass, Totschlag und Krieg entstehen können.

Wer Vergleiche anstellt, lebt nicht mehr im inneren Frieden. Die Ruhe wird ausquartiert. Er wird abhängig von den anderen. Sein Blick ist ständig über den Zaun des Nachbarn gerichtet. Wer vergleicht, schürt den Krieg. Misstrauen und Angst treten an die Stelle von Vertrauen.

Gesichtspunkt Nr. 6:
Durch Multitasking
Der anspruchsvolle Mensch muss immer mehrere Dinge gleichzeitig tun. Zeit ist Geld, das ist seine De-

vise. Seine Anerkennungssucht, sein Stolz und sein Anspruch, bewundert zu werden, treiben ihn an. Er kann nicht ruhig auf dem Stuhl sitzen. Die Unruhe spricht aus seinem Körper. Alle Glieder, Hände, Füße und Augen sind unaufhörlich in Bewegung. Es zuckt an allen Enden. Es „juckt" ihn in den Fingern. Diese Unruhe spiegelt Unzufriedenheit wider. Dieses Getriebensein ist ein Ausdruck für mangelnden Seelenfrieden.

Zufriedenheit und Hormone

Die Neurowissenschaften, die in den letzten Jahrzehnten einen gewaltigen Aufschwung zu verzeichnen haben, machen darauf aufmerksam, dass Zufriedenheit auch ein Hormonproblem ist.

Der Neurobiologe und Philosoph, Gerhard Roth, schreibt in einem seiner Bücher:

„Wir stellen nämlich, wie bereits erwähnt, fest, dass positive und negative Gefühle gesetzmäßig mit der Ausschüttung bestimmter Substanzen im Gehirn verbunden sind. Bei Gefühlen der Zufriedenheit, des Glücks, der Freude bis hin zu Euphorie und Ekstase geht es um die Ausschüttung ganz unterschiedlicher Substanzen, zu denen der Neuromodulator Serotonin und Neuropeptide, wie Endorphine, (…) gehören. (…) Besonders vielseitig wirkt das im Hypothalamus gebildete Oxytocin. Es gibt also nicht das eine ‚Glückshormon', sondern viele ganz unterschiedliche chemische Substanzen sind am Zustand der Schmerzlosigkeit, Zufriedenheit, des Glücks, der Freude und der Lust beteiligt."[1]

Die Forscher können über die Ausschüttung dieser Stoffe in limbischen Zentren des Gehirns verlässlich auf den Affekt- und Emotionszustand einer Person schließen.

Wie hängen unsere *Gedanken* und die *Ausschüttung* der Hormone miteinander zusammen? Wenn freudige Erregung, wenn ein „Nervenkitzel", wenn uns bestimmte Vorstellungen motivieren, wenn eine positive *Erwartungshaltung* vorliegt, dann erfolgt eine Ausschüttung der Hormone. Noch einmal Professor Roth wörtlich:

> „Dies stimmt mit der Tatsache überein, dass ein erhöhter Ausstoß von Dopamin generell mit psychischer Aktivierung und Neugier verbunden ist, also mit der Aufforderung ‚probier es doch mal aus!'. Es ist generell die große *Erwartung* der Belohnung, die den hoffentlich sich anschließenden Genuss steigert."[2]

Was wird dabei deutlich? Menschen, die ihre Gedanken positiv ausrichten, die Missgeschicke und Rückschläge mit neuem Mut verarbeiten, die sich unverwundbar geben, die nicht aufgeben, die das Belastende hinter sich lassen und nicht in Resignation fallen – kurz: die *Resilienz* praktizieren, dürfen sich auf Anreize vom körpereigenen Belohnungssystem freuen und eine Aufwärtsspirale nimmt ihren positiven Lauf. Mit diesem Rückenwind gehen resiliente Menschen hoffnungsstark neue Lösungsmöglichkeiten an.

Unsere Urteile über Dinge
können uns unzufrieden oder zufrieden machen
Der griechische Philosoph und Dichter Epiktet, der von 50 bis 125 lebte, hat einen wichtigen Grund gefunden, der uns unzufrieden machen kann. Er schrieb: „Was den Menschen beunruhigt, sind nicht die Dinge, sondern unsere Urteile über die Dinge."

Unsere Deutungen machen eine Sache gut oder schlecht. Unsere negativen Gedanken machen uns Probleme. Sie sind unruhig und unzufrieden? Was tun Sie?

Sie *machen* sich Sorgen,
Sie *machen* sich Gedanken,
Sie *machen* sich unruhig,
Sie *machen* sich verrückt,
Sie *machen* sich unzufrieden,
Sie *machen* es selbst.
Nicht die Dinge, nicht die Ereignisse,
nicht die Umstände, nicht das Wetter,
nicht die Vorwürfe der Anderen sind es.
Sie *machen* sich eine Meinung,

Sie *machen* sich Gedanken,
Sie *machen* sich die Unzufriedenheit selbst.

Wenn das so ist, haben wir die Möglichkeit, anders zu denken und anders zu reagieren. Auch der Apostel Paulus macht uns fest überzeugt darauf aufmerksam:

> „Zwar steht für mich unerschütterlich fest, dass es nichts gibt, durch dessen Berührung der Mensch vor Gott unrein wird. Ich kann mich dafür auf Jesus, den Herrn berufen. Aber wenn einer davon überzeugt ist, dass ihn etwas unrein macht, dann ist es für ihn auch unrein." Römer 14,14

Auch für Paulus ist es eine Frage der Überzeugung, eine Frage der Gedanken, ob eine Sache rein oder unrein, ob uns etwas zufrieden oder unzufrieden macht.

Wir haben es in der Hand, ob wir das Handtuch werfen oder aus der Krise lernen wollen. Wir entscheiden, ob wir aufgeben, oder ob wir im Vertrauen auf den lebendigen Gott neue Lösungsmöglichkeiten anpeilen.

Die „Salutogenese", die Entwicklung der Gesundheit,
die Entwicklung des Heils
Der Begriff stammt von Aaron Antonovsky, der in den 70er Jahren an dem Blickpunktwechsel in der

Psychologie großen Anteil hatte. Sein Buch mit dem Titel „Salutogenese", das 1997 in deutscher Sprache erschien, will deutlich machen, dass der Mensch über Widerstandsressourcen verfügt, sich trotz widriger Umstände gesund zu erhalten, um Zufriedenheit anzusteuern.[3]

Das Vertrauen darauf verleiht einem Menschen die Kraft, Schwierigkeiten des Lebens zu meistern, und befähigt ihn dazu, sich in dieser Welt aktiv zu engagieren. Widerstandsfähig zu denken und zielorientiert zu handeln, eine Stehaufmännchen-Mentalität zu entwickeln, das ist gleichermaßen der Kerngedanke der Salutogenese wie auch der Resilienz.

Der von Antonovsky gewählte deutsche Titel „Salutogenese" heißt genau übersetzt „Entwicklung von Heil" (lat. *salus* = Heil; lat./griech. genesis = Entstehung).

Für uns Christen bedeutet Heil Rettung. Heil ist der Sieg des lang erwarteten Retters über die feindlichen Mächte. Heil bedeutet die göttliche Antwort auf die Hilferufe von Jahrhunderten. Heil ist die Schicksalswende beim Kommen des lang erwarteten Retters. Heil ist der Wirkungsbereich des auferstandenen Christus. Petrus hat es so formuliert: „In keinem anderen ist das Heil, ist auch kein anderer Name unter dem Himmel den Menschen gegeben, darin wir sollten selig werden." (Apostelgeschichte 4,12)

Heil ist da, wo man in Christus lebt. Heil ist da, wo man sich von Christus führen, leiten und an die Hand nehmen lässt. Der Retter ist da, auch wenn Krisen und Belastungen uns niederwerfen.

Christus gibt uns nicht auf,
auch wenn wir uns aufgeben.
Christus lässt uns nicht los,
auch wenn wir die Hoffnung loslassen.
Christus steht uns bei,
auch wenn wir uns im Stich gelassen fühlen.

Keiner von uns bleibt von Problemen, Missgeschicken, Rückschlägen und Krisen befreit. Aber der Retter bleibt in der Nähe.

Unzufriedenheit holt uns ein,
wenn wir die Rettung aufgeben,
wenn wir die Rettung ausschlagen,
wenn wir der Verzweiflung das Ohr leihen,
wenn wir die Widerstandskraft, die Resilienz,
die ER fördern, stärken und mobilisieren will,
ablehnen.

Strategie Nr. 4: Bitterkeit ablegen

Was ist Bitterkeit?

Bitterkeit ist ein gefährliches und krank machendes Gefühl. Gleichzeitig ist es ein belastendes Verhaltensmuster. Verwandte Muster sind Groll, Zorn und Wut. Wir sprechen auch von Ärger, der nach innen verarbeitet wird. Diese Einstellungsmuster spielen in allen menschlichen Beziehungen eine Rolle.

Christen wie Nichtchristen können sich in Bitterkeit und Groll verrennen. Sie sind innerlich verletzt. Sie tragen traumatische, tief sitzende innere Verletzungen mit sich herum. Vielleicht wurden sie gedemütigt oder gekränkt. Vielleicht wurden sie schwer enttäuscht. Enttäuschungen können bitter machen.

Der Gegensatz von bitter ist süß, lieb und verträglich. Bittere Menschen aber sind unglücklich, vergrämt und unzufrieden. Sie können nicht mehr froh sein. Ihre Mundwinkel sind heruntergezogen.

Der amerikanische Arzt Dr. McMillen formuliert: „Bitterkeit, Hass und Schuldgefühle nagen an uns, sie schlagen uns auf den Magen. Natriumpillen können zwar ein wenig lindern, aber niemals die Säure neutralisieren, die Leib, Seele und Geist zerstören." [1]

Paulus gibt uns den guten Rat: „Trachtet eifrig nach dem Frieden mit jedermann und nach der Heiligung, ohne die niemand den Herrn schauen wird; und gebt acht, dass niemand hinter der Gnade Gottes zurückbleibt, dass keine ‚Wurzel voll Bitterkeit (= kein giftiger Wurzelschoss)' aufwachse und Unheil anrichte." (Hebräer 12,14 f.) So übersetzt Hermann Menge diese Sätze.

Wenn wir keinen Frieden mit unseren Mitmenschen anstreben, dann vergiftet uns eine „Wurzel der Bitterkeit".

Bitterkeit überfällt uns nicht einfach.

Wir sind ihr nicht hilflos ausgeliefert.

Bitterkeit wird von uns praktiziert.

Bitterkeit wird *gemacht*.

Bitterkeit wird ins Leben gerufen.

Bitterkeit wird gedanklich entworfen.

Wir wollen uns bitter machen.

Wenn das stimmt, können wir auch daran arbeiten, nicht bitter zu werden, Bitterkeit zu überwinden.

Was sind die Folgen der Bitterkeit?

Noch einmal der Arzt Dr. McMillen:

„Rachemethoden haben nur eine Gefahr: Sie bescheren uns körperliche und seelische Krankheiten. Hässliches Reden über andere regt die Ausschüttung gewisser Hormone aus der Hirnanhangdrüse, Hypophyse, Nebennierenrinde, Schilddrüse und anderer Drüsen an. Diese überschüssigen Körpersäfte können in verschiedenen Teilen des Körpers Krankheiten verursachen. Es ist ein gefährliches Spiel, Bitterkeit zu züchten.

Unsere Bitterkeit produziert zu viele Stresshormone, so dass wir bereits nach einigen Stunden ermüdet sind." [2]

Schon vor Jahrzehnten hat McMillen als gläubiger Arzt diese Zusammenhänge beschrieben: Bitterkeit als Einstellung ruft seelische und organische Schäden hervor. Wir schlucken und machen uns krank.

Schon in den Psalmen wird die Psychosomatik, die Wechselwirkung der leib-seelischen Zusammenhänge, beschrieben. Da heißt es im Psalm 32:

„Herr, erst wollte ich meine Schuld verschweigen, doch da wurde ich so krank, dass ich von früh bis spät nur stöhnen konnte." (Psalm 32,3)

Oder Verse im Psalm 38 lauten:

„Meine Schuld ist mir über den Kopf gewachsen. Wie schwer ist diese Last! Ich breche unter ihr zusammen. Wie dumm war ich, dich zu vergessen. Das habe ich nun davon: Meine Wunden eitern und stinken. Gekrümmt und von Leid zermürbt schleppe ich mich in tiefer Trauer durch den Tag." (Psalm 38,5-7)

Und in Psalm 39 heißt es überdeutlich:

„Ich fraß den Kummer in mich hinein. Je mehr ich darüber nachgrübelte, desto tiefer geriet ich in Verzweiflung." (Psalm 39,4)

Deutlich wird:
- Wer Bitterkeit herunterschluckt,
  macht sich bitter.
- Rachgedanken und Vergeltung rauben uns
  nicht nur den Frieden, sie rauben uns
  auch die Gesundheit.
- Wer Schuld verdrängt, redet durch seine Organe.
  Fachleute sprechen nicht umsonst
  vom „Organdialekt".
- Schuldgefühle, die besonders von hochsensiblen
  und seelisch gestörten Menschen kultiviert und
  zergrübelt werden, rufen Depressionen hervor.

Ein Beratungsbeispiel

Ich hatte eine junge Frau in der Beratung. Sie kam, weil ihre Ehe große Probleme spiegelte. Sie wollte in den ersten sieben Ehejahren kein Kind. Sie wollte noch Medizin studieren. Ihr Mann und sie hatten sich vor der Heirat über diese Bedingung geeinigt.

Er wollte Jurist werden und scheiterte im ersten Staatsexamen. Er wiederholte und scheiterte ein zweites Mal. Er bekam trotz allem eine gut bezahlte Arbeitsstelle in der Wirtschaft, aber den Makel, sein Examen nicht bestanden zu haben, konnte er nicht verwinden. Er neidete seiner Frau das Medizinstudium. Er fürchtete, von ihr übertrumpft zu werden.

Er reagierte eifersüchtig und legte alle Vorsichtsmaßnahmen beim Geschlechtsverkehr ab. Und sie bekam im vierten Ehejahr ein Kind. Das Staatsexamen als kommende Ärztin platzte. Sie musste sich um das Kind kümmern.

Die Frau entwickelte
eine unvorstellbare Bitterkeit:
Aus Zärtlichkeit wurde Abwehr.
Aus Friede wurde Hass.
Aus Zufriedenheit entwickelten
sich Unglücksgefühle.
Aus einem Menschen mit positiver
Lebenseinstellung wurde
eine vergrämte und grollende Frau.

Körperlich entwickelte sie eine Hautkrankheit, die auch äußerlich zu Distanz führte. Der Hautarzt sprach Bitterkeit als mögliche psychosomatische Ursache an.

Sie fraß alles in sich hinein. Ihr Mann war in einer Freikirche aktiv. Sie trat aus der Kirche aus. Sie ging nicht mehr zum Gottesdienst. Sie führte einen schweigenden, aber nicht laut vorgetragenen Rachefeldzug gegen ihren Mann.

Als sie in die Beratung kam, war sie abgemagert, verhärmt und verbittert, ein Schatten ihrer selbst, wie sie selbst sagte. Der ganze Mensch – nach Leib, Seele und Geist –, war von Bitterkeit zerfressen.

Es dauerte einige Monate, bis die junge Frau begriff, dass sie sich selbst am meisten schadete. Erst als sie den Rachefeldzug gegen ihren Mann und gegen sich selbst beendete, verschwand allmählich ihre unangenehme Hautkrankheit.

Solange sie gegen die Ehe kämpfte und ihren Mann demütigen wollte, blieb sie in der Bitterkeit. Sie wollte ihn sexuell bestrafen. Ihr Groll, ihre Wut und ihre Bitterkeit machten sie unattraktiv. Die Frau strahlte Abwehr und Unzufriedenheit aus.

Als sich dann eine ausgesprochen hübsche junge Dame an ihren Mann heranmachte, da änderte sie plötzlich ihre letzten verbissenen Kämpfe gegen den Ehepartner. Sie konnte wieder beten und Gott danken für ihr Leben. Schließlich konnte sie ihren Partner um Vergebung bitten. Sie gebar ein zweites Kind, und beide waren über die Geburt beglückt. Als ich sie beide in einem Gottesdienst einige Jahre später wieder traf, begegnete ich einer optimistisch und fröhlich wirkenden Frau und Mutter.

Depression und Bitterkeit

Die Depression wird immer mehr zu einer Volkskrankheit. Depression und Schwermut, auch Depression und Bitterkeit gehören zusammen. Schon 1918 hat der Seelsorger und Evangelist, Samuel Keller, den Depressiven folgendermaßen charakterisiert:

„Novemberchristen, deren Himmel des Gemüts verhangen ist von trüben Wolken der Traurigkeit, deren Tränen wie der Regen strömen und bei denen alle, auch die bestgemeinten Versuche der Seelsorge ‚abprallen‘, als würden wir eine Hand voller Erbsen gegen eine Wand werfen."[3]

Zahlen aus den letzten Jahren belegen:
„Allein in diesem Jahr werden weltweit 121 Millionen Menschen an Schwermut erkranken, davon mindestens fünf Millionen in Deutschland (…) Jede Stunde bringt sich in Deutschland ein Mensch um – und mindestens zehn weitere versuchen es. In vielen Fällen ist eine Depression der Auslöser. Quer über den Globus zerstört keine andere Krankheit mehr gesunde Lebensjahre als die Depression."[4]

Depressive Menschen sind von Hause aus, auch anlagebedingt, pessimistischer, negativer und lustloser eingestellt. Wenn dann Enttäuschungen, Kränkungen und Demütigungen geschehen, fallen sie in ein schwarzes Loch, reagieren oft mit großen Schuldgefühlen, neigen zum Zwangsgrübeln und versinken nicht selten in Bitterkeit. Sie haben negative Erwartungen und ziehen negative Konsequenzen. Viele fühlen sich
- depriviert (beraubt),
- frustriert,
- gedemütigt,

- ausgestoßen,
- bestraft,
- als Pechvogel,
- als Versager.

Abgesehen von Medikamenten sind Therapie und Seelsorge notwendig, damit der Depressive lernt, auch für seine negative Einstellung die Verantwortung zu übernehmen, aus der Verlierergesinnung herauszukommen, seinen starken Ehrgeiz zu dämpfen und im lebendigen Gott einen Helfer, einen Fürsprecher, einen Tröster und einen Begleiter zu finden, der ihn durch die Depression führt und niemals die Hand abzieht. Die Depression kommt und geht. Die Intervalle können kurz oder lang sein. Viele behalten eine depressive Grundstimmung ihr Leben lang.

Saul versinkt in Bitterkeit – ein biblisches Beispiel

Auch Christen werden von Bitterkeit nicht verschont. Eine Geschichte im Alten Testament berichtet über den König Saul, der sich blindwütig in Bitterkeit verrennt. Was war geschehen?

Der kleine David hatte mit einer Steinschleuder einen Hünen von Kerl im Heer der Philister, den Goliath, erledigt. David wurde gefeiert. Besonders die Mädchen und Frauen waren von David fasziniert und sie sangen auf den Straßen ein Lied: „Saul hat seine Tausend geschlagen. David aber seine Zehntausend."

Saul platzte vor Eifersucht. Als Saul das hörte, „war er zornig". „Von da an", heißt es weiter, „blickte Saul mit Argwohn auf David."(1. Samuel 18,6)

Bitterkeit trennt.

Bitterkeit entfremdet.

Bitterkeit zerstört Freundschaften
und Partnerschaften.

Der Sohn Sauls, Jonathan, war mit David eng befreundet. Saul machte diese Freundschaft kaputt. Er wollte David töten. Seine Bitterkeit war grenzenlos. Sogar seine eigene Tochter, die mit David verheiratet war, nahm er David weg und vermählte sie mit einem anderen Mann (1. Sam. 25,44).

Die Folge:

Saul konnte nachts nicht mehr ruhig schlafen. Die Bitterkeit fraß ihn auf. Saul endete einsam. Wir kennen die Geschichte: Ein unglücklicher, verbitterter König ruiniert sich selbst.

Bitterkeit ist in der Tat eine giftige Pflanze.

Bitterkeit frustriert total.

Bitterkeit ist eine seelische
und körperliche Selbstquälerei.

Bitterkeit darf nicht zugedeckt werden

Viele Christen wollen die innere Bitterkeit nicht bearbeiten. Aber sie darf nicht verdrängt, nicht zugedeckt, nicht totgeschwiegen werden. Sie wollen die erlittenen Schmerzen und das Leid nicht noch einmal durchleben. Die Absicht ist verständlich. Aber die Bitterkeit arbeitet im Innern wie ein Krebsgeschwür.

Kurt Scherer, der ehemalige Leiter der ERF-Seelsorge-Abteilung, spricht von Innerer Heilung der Bitterkeit. Scherer ist der Meinung, dass Innere Heilung das Aufarbeiten des Verborgenen im Herzen erfordert. Verletzungen, Demütigungen und Misshandlungen müssten ans Licht. Sie müssten konkret besprochen werden.

Innere Heilung sei die Erneuerung des *ganzen* Menschen. Es geht um

- Befeiung von traumatischen Verletzungen,
- Heilung von Kränkungen,
- Heilung von Missachtung,
- Heilung von quälenden Erinnerungen,
- Heilung von bitteren Enttäuschungen.

Im Psalm 147 heißt es: „Er heilt, die zerbrochenen Herzens sind und verbindet ihre Wunden."

Was wir verdrängen, arbeitet in der Tiefe unserer Seele weiter. Was wir überspielen, das bringen unsere Organe zur Sprache.

Bitterkeit überwinden durch Vergebung

Der Weg der Vergebung befreit uns aus der Bitterkeit. Aber die Schritte zur Vergebung sind schwerer als wir glauben. Schwere Verbitterungen haben das ganze Leben vergiftet. Leib und Seele sind häufig schwer angeknackst. Traumatische Verbitterungen haben ernste Selbstschädigungen zur Folge. Der Weg der Vergebung besteht aus mehreren Schritten:

1. Schritt:
Bitterkeit rauslassen
Es ist wichtig, die Bitterkeit zuzulassen und ihr eine Stimme zu geben. Vor dem Seelsorger, vor dem Berater, vor Gott.

Aussprechen befreit.

Aussprechen erleichtert.

Mitteilen ist ein Teilen der Belastungen.

Ich denke an eine junge Frau von 32 Jahren. Sie wurde ab dem siebten Lebensjahr bis zum Alter von zwölf Jahren vom eigenen Vater und dem ältesten Bruder sexuell missbraucht. Sie ist seelisch ein Wrack. Sie hat sexuell nur Ekelgefühle, sie fühlt sich als Frau zerstört, sie fühlt sich entehrt, sie fühlt sich von Gott verraten.

Sie muss ihre Wut und ihre Verbitterung rauslassen. Das ist der erste Schritt, sonst vergiftet sie sich vollends.

2.Schritt:

Verbitterung und Schuld bekennen

Die Verletzungen haben uns bitter und haben uns böse gemacht. Rachegedanken haben sich eingeschlichen. Kränkungen haben sich in schlimme Verwünschungen gewandt.

Ich denke an die sexuell missbrauchte Frau. Ekelhafte Krankheiten hat sie dem Vater und dem Bruder gewünscht. Mit Rattengift hat sie einen schönen Hund umgebracht. Dem Vater stahl sie eine wertvolle Uhr und warf sie in den Fluss. Der Mutter, die vieles gewusst haben muss aber geschwiegen hatte, mischte sie immer wieder Insektenpulver ins Essen. Sie lag oft stundenlang wach und brütete Bosheiten aus. Einmal war sie sehr erkältet. Und sie sorgte dafür, dass sich die ganze Familie ansteckte.

Vieles traute sie sich gar nicht, mir zu erzählen. Sie litt gleichzeitig unter großen Schuldgefühlen. Als sie aber ihrer Wut, ihrer Beschämung und ihrem Missbrauch eine Stimme gegeben hatte, konnte sie umso leichter vergeben.

Sie wusste um ihre Schuld, um ihre Bosheit, um ihre Rachegedanken. Aber sie war noch in Gedanken an Vater und Bruder gebunden, die Tag und Nacht durch ihr Gehirn stürmten. Sie konnte vergeben, aber nicht loslassen.

3. Schritt:

Die Verletzer loslassen

Ein ganz wichtiger Schritt. Viele wollen vergeben, können aber die Verletzer nicht loslassen, können sie nicht vergessen, können sie nicht aus ihrem Gedächtnis streichen.

Wer vergibt, muss von den Tyrannen frei werden. Diese junge Frau wohnte inzwischen 25 km vom Elternhaus entfernt. Als sie kam, war sie – wie sie sagte – zwanzig Mal am Tag mit dem „verfluchten Elternhaus" beschäftigt. Diese Erinnerungen entfachten immer neu Zorn, Wut und Bitterkeit. Sie war an die Verletzer gefesselt.

Die junge Frau war ein Jahr lang arbeitsunfähig, weil sie sich in Gedanken und in ihrer Phantasie mit Hass vollgesogen hatte. Sie war nicht nur arbeitsunfähig, sie war auch kontaktunfähig, und sie war liebesunfähig.

Als sie die Rache- und Vergeltungsgedanken abgeben konnte, lernte sie in kleinen Schritten, das Elternhaus loszulassen. Sie konnte ihre Arbeit wieder aufnehmen, schloss sich einem Chor an, gewann zunehmend Vertrauen zu Bekannten und Freunden. Sicher gab es auch Rückfälle. Denn ihre Befürchtungen saßen tief. Ihr Misstrauen leuchtete an harmlosen Begebenheiten auf.

Eine amerikanische Professorin hat diesen wichtigen Schritt, den Verletzer loszulassen, so beschrieben:

„Was bedeutet die Entscheidung für das Verzeihen wirklich? Sie bedeutet, dass Sie nicht länger davon ausgehen, dass Ihr Verletzer Ihnen irgendetwas schuldet. Sie bedeutet, dass Sie den Verletzer loslassen und nicht mehr zurückblicken. Sie suchen nicht mehr nach dem Grund. Sie beschäftigen sich nur damit, was Sie tun und was Sie zukünftig sein wollen. Jedes Festhalten an der Schuld des anderen dient nur der Selbstgerechtigkeit. Das Verzeihen wählen ist ein Wendepunkt. Ein brandneues Leben liegt vor Ihnen."[5]

Solange wir den Verletzer nicht loslassen, sind wir an ihn gekettet. Wir beschäftigen uns immer wieder mit ihm. Und vor allen Dingen sind wir gelähmt, gefangen und mit Rache beschäftigt.

Sollten Vater und Bruder kommen und selbst um Vergebung bitten, dann können auch die familiären Beziehungen wieder heilen. Das hat bisher nicht stattgefunden, also muss auch die Tochter nicht über eine nahezu unüberwindliche Barriere klettern.

Wer dem Vater und dem Bruder vergibt, muss nicht in vollkommener Liebe wieder mit ihnen verbunden sein. Gott kann solche außergewöhnlichen Schritte schenken. Sie sind aber nicht selbstverständlich. Und wir sollten in der Seelsorge mit solchen Erwartungen an die Betroffenen vorsichtig sein. Nicht wenige sind verzweifelt, weil sie – trotz Vergebung – die alten Verbindungen kappen müssen.

Vergebung beinhaltet vor allem, dass ein neuer Lebensabschnitt beginnt. Davor fehlte der Blick nach vorn. Es fehlte die Resilienz, die Stärke, die Vergangenheit ruhen zu lassen, die Enttäuschungen zu überwinden. Jetzt aber werden neue Lebensmöglichkeiten in Angriff genommen, neue Lebenspläne werden realisiert.

„Das Alte ist vergangen, siehe,
Neues ist im Werden."
(2. Korinther 5,17)

Strategie Nr. 5: Geduld trainieren

Geduld ist ein Verhaltens- und Einstellungsmuster, das heute vielen Menschen schwer fällt. Unsere Zeit ist von der Turmbau-Ideologie beherrscht:

Immer höher,

immer schneller,

immer besser,

immer fortschrittlicher.

Die Steigerung hat mit Steigen zu tun. Die teuflische Verführung lautet: „Ihr werdet sein wie Gott."

Die Schnelligkeit hat uns zur Hektik verführt. Die Hektik aber ist ein Feind der Stille, ist ein Feind der Geduld.

Was bedeutet Geduld?

Luther hat in seiner Bibelübersetzung im Neuen Testament stets das griechische Wort *„hypomone"* mit „Geduld" wiedergegeben. Eigentlich beinhaltet das Wort: Drunter bleiben, unter einer Last aushalten. Es kann missverstanden werden, so, als müsste man alles schlucken, alles hinnehmen, alles über sich ergehen lassen.

Wer aushält,

- dem wachsen Kräfte zu,

- der mobilisiert Stärke,

- der gewinnt Standhaftigkeit,

- der gewinnt Resilienz.

Es geht um Durchhaltevermögen. Es geht um Bewährung im Kampf. Nicht umsonst formuliert Georges Louis Leclerc Graf Buffon: „Die Genialität ist nichts anderes als eine große Fähigkeit zur Geduld."

Der geduldige Mensch ist in der Tat genial. Er besitzt eine Eigenschaft, die vielen Menschen heute abgeht: Toleranz (lat. *tolerare* = ertragen).

Ungeduldige Menschen sind ständig am planen.

Was tun wir gleich?

Was machen wir danach?

Was passt noch darein?

Was kriegen wir noch dazwischen?

Festigkeit braucht Zeit und Geduld

Wie sehr uns die Ungeduld heute antreibt, macht eine kleine Geschichte deutlich: Ein Kaufmann wollte seinen Sohn auf eine besondere Schule schicken. Er sollte in kurzer Zeit viele Fähigkeiten erlernen. Sohn und Vater trafen sich mit dem Schulleiter. Der stellte ihm den Stundenplan für die Schüler vor. Der Vater war entsetzt. „Muss mein Sohn das alles können?", fragte der Vater den Schulleiter. „Können Sie das nicht kürzer machen? Mein Sohn soll so schnell wie möglich fertig werden."

Der Lehrer überlegte eine Weile und sagte dann: „Wenn Gott eine Eiche machen will, nimmt er sich etwa 20 Jahre Zeit, für einen Kürbis braucht er nur ein paar Monate."

Festigkeit braucht Zeit, Geduld und Training. Der weiche Kürbis hat keine Widerstandskraft. Wenn es kritisch wird, fällt er auseinander. Geduld muss wachsen. Geduld braucht Festigkeit. Und Festigkeit braucht Zeit. Dietrich Bonhoeffer hat das gewusst, als er schrieb:

„Ich bin unruhig, aber bei dir ist der Friede.
In mir ist Bitterkeit, aber bei dir ist die Geduld.
Ich verstehe deine Wege nicht, aber du weißt den Weg für mich."

Diese Einstellung macht geduldig.

Geduld hat nichts mit Resignation zu tun

Bei vielen Menschen weckt Geduld falsche Vorstellungen. Sie glauben, Geduld habe etwas mit Resignation zu tun, mit Hoffnungslosigkeit oder Verzweiflung.

Geduld, und darum geht es, hat etwas mit Standfestigkeit zu tun. Resignation hingegen ist Kapitulation. Das lateinische Wort *resignare* bedeutet: Einen Vertrag rückgängig machen, eine Unterschrift unter einem Schriftstück zurückziehen. Der englische Theologieprofessor Barclay schreibt zur Problematik des Begriffes „Geduld":

„Geduld, die mannhafte (tapfere, mutige) Tugend. Hypomone ist eines der erhabensten Wörter des Neuen Testamentes. Gewöhnlich wird Geduld mit Aushalten, Ausharren übersetzt. Aber, wie wir sehen werden, gibt es kein einziges deutsches Wort, das seine volle Bedeutung wiedergibt."[1]

Geduld hat nichts mit Hoffnungslosigkeit, mit blindem Schicksal und Ausharren ins Blaue hinein zu tun.

Geduld ist eine Lebensstilfrage

Was ist mein Lebensstil?
Er beinhaltet
  - meine Lebensgrundüberzeugung,
  - meine persönliche Art zu denken,
  - meine persönliche Art zu fühlen
    und zu handeln,
  - meine Wesensart im Umgang mit Menschen,
  - meine Lebensart, mit Geduld
    oder mehr mit Ungeduld zu reagieren,
  - meine Einstellung, mit Besonnenheit
    oder Unbesonnenheit zu operieren.

Der eine Mensch hat viel Geduld, er ist nicht aus der Ruhe zu bringen. Der andere Mensch ist ungeduldig, ihm platzt schnell der Kragen. Der eine kann viel ertragen, der andere wenig. Der eine ist schnell reizbar, er reagiert ärgerlich, laut, ungehalten, und ein anderer ist völlig unempfindlich. Er hat ein so genanntes „dickes Fell".

Drei Faktoren entscheiden über unseren Lebensstil:

1. Anlagen und Vererbung

Unser Temperament ist auch anlagebedingt. Angst, Korrektheit, Zwanghaftigkeit, Pessimismus, Optimismus, Geduld und Ungeduld, Lebhaftigkeit und Passivität sind zum Teil anlagebedingt.

2. Erziehung, Umwelt und Sozialisation

Die Forscher sprechen davon, dass ca. 50 Prozent unserer Eigenschaften anlagebedingt sind. Es bleiben aber 50 Prozent, die wir gestalten können.

Anlagen können beeinflusst, trainiert und durch neu gewonnene Einsichten umgeformt werden. Der christliche Glaube und Gesinnungsänderungen können den Lebensstil charakterisieren.

3. Schlüsse, die ich aus Anlage, Erziehung und Sozialisation gezogen habe

Welche Schlüsse haben wir gezogen?
Welche Einreden haben wir übernommen?
Welche Erfahrungen haben wir gemacht?
Welche Erkenntnisse haben uns geprägt?

Geduld ist eine Lebensstilfrage? Welche Eigenschaften haben wir mehr oder weniger geerbt? Welche Verhaltensmuster haben wir bewusst geändert? Welche Muster belasten uns? Welche Muster beglücken uns? Was müssen wir in Arbeit und ins Gebet nehmen?

Geduld haben und sich als Fußmatte benutzen lassen, sind zwei paar Schuhe. Es gibt Menschen, die sind sehr geduldig. Jedenfalls sieht es so aus.

Sie lassen sich viel gefallen,

sie werden benutzt,

sie werden ausgebeutet,

sie werden misshandelt.

Diese Haltung hat nichts mit Geduld zu tun. Der holländische Pädagoge Nico van der Voet hat ein Buch geschrieben über *assertives* und *subassertives* Verhalten. Assertive Menschen behaupten sich, treten für sich ein, verschaffen sich Geltung. Subassertive Menschen drücken soziale Angst aus. Sie trauen sich nicht und reagieren feige. Bei van der Voet heißt es:

„Als Nächstes nennt Paulus das ‚Wandeln in Langmut‘, das heißt in Geduld, Standhaftigkeit, Ausdauer. In der Bibel steht die Geduld dem Zorn gegenüber. Geduld heilt, Zorn zerstört (...) An dieser Stelle wird deutlich, dass Geduld und Langmut Begriffe sind, die nichts mit Subassertivität zu tun haben. Subassertive Menschen sind auch geduldig. So geduldig, dass sie sich als Fußmatte benutzen lassen. Das ist keineswegs biblische Geduld." [2]

Wer wissen will, ob er mehr zu den *subassertiven* Menschen gehört, die also unterwürfig und feige reagieren, kann das leicht überprüfen. Die Verwendung des Wortes „eigentlich" zeigt an, dass jemand innerlich etwas anderes möchte als er äußerlich zu erkennen gibt. Denkt jemand: „Eigentlich möchte ich dieses oder jenes", verhält er sich subassertiv. Er sagt nicht offen, was er will.

Subassertive Menschen
können nicht widersprechen,
können schlecht Nein sagen,
können sich nicht wehren.
Diese Geduld ist nicht christlich. Sie beinhaltet eher Feigheit.

In der Arbeit liegt die Belohnung – nicht im Erfolg

Der amerikanische Therapeut Chris Thurman gibt in einem seiner Bücher ein interessantes Zitat wieder: „Wenn der große Schiedsrichter kommt, um deinen Namen einzutragen, schreibt er nicht auf, ob du gewonnen oder verloren, sondern wie du das Spiel gespielt hast."[3]

Es geht nicht nur um den Erfolg, um den Preis, um den Sieg. Viele Menschen können sich nur über den Erfolg freuen. Alle darin steckende Arbeit ist Last, ist Beschwernis, besteht aus Unzufriedenheit. Was dabei herauskommt, macht Thurman an einem großen Feldherrn deutlich. Er berichtet über Alexander den Großen, der im Jahre 323 vor Christus die gesamte bekannte Welt erobert hatte. Er setzte sich nieder und weinte, weil es keine Schlachten mehr zu gewinnen gab.

Preise und Siege werden von den meisten nur kurz genossen. Es müssen neue Siege und neue Erfolge her. Nach Chris Thurman erging es dreitausend Jahre später dem Astronauten Edwin „Buzz" Aldrian ähnlich. Nachdem er als einer der ersten den Mond betreten hatte, wurde ihm klar, dass er als Pilot keine neuen Ziele mehr erreichen konnte. Er erlitt einen schweren Nervenzusammenbruch.

Nur wenige können die Arbeit genießen, sich über ihre Anstrengungen freuen, den Kampf positiv erleben. Viele fühlen sich als Versager.

Das heißt: Die Belohnung liegt im Bemühen, in der Arbeit, nicht nur in dem, was die Anstrengungen einbringen.

Diese beschriebene Lebenseinstellung fördert die Ungeduld, fördert die Hektik. Warum? Alles geht nicht schnell genug, alles dauert ewig. Alles ist Mühsal und Belastung.

Für Luther war Arbeit Gottesdienst. Wer nur schuftet und sich abrackert, wer die Arbeit als Strafe ansieht und sich nur einen Augenblick freuen kann, wenn er den Erlös, den Erfolg oder sein Gehalt in der Hand hält, der ist zu bedauern.

Der Geduldige arbeitet ruhig.
Der Geduldige kann
seine Anstrengungen genießen.
Der Geduldige ist froh über sein Schaffen.

Welche Einstellungs- und Verhaltensmuster machen uns ungeduldig?

Ein Beispiel: Eine Frau kommt in die Beratung. Ihr Problem: Sie ist hektisch, nervös und fahrig. Sie kommt fast eine halbe Stunde zu spät.

„Was ist nur mit mir los? Ich kann nicht still sitzen, ich muss immer etwas zu tun haben!"

Ich sagte zu ihr: „Erzählen Sie mir bitte, was Sie in der letzten Stunde, bevor Sie hierher fuhren, alles getan haben?"

„Um 10 Uhr war ich mit Ihnen verabredet. Leider kam ich eine halbe Stunde später. Vorher habe ich mit der zweiten Tochter Schularbeiten gemacht, einen Aufsatz besprochen. Zwischendurch habe ich im Garten alle Blumen gegossen. Die Hitze macht die Blumen kaputt. Die Tochter schrieb einige Sätze, da habe ich dem Hund einige Zecken abgesucht. Zwei habe ich tatsächlich gefunden. Dann habe ich ein Telefonat mit dem Steuerberater geführt. Dem fehlten einige Unterlagen. In einer Mappe musste ich suchen. Zwischendurch rief immer wieder die Tochter, die nicht weiter wusste. Auf meinem Zettel stand noch ein Medikament für meinen Mann. Der hat Bluthochdruck. In der Apotheke musste ich einige Minuten warten. Leider stand mein Auto etwas abseits. Als ich losfuhr, war es 10.15 Uhr. Und dann waren alle Ampeln rot!"

Was sagt uns dieses Beispiel?

Die Frau ist arbeitssüchtig. Sie leidet unter „Multitasking". Sie muss mehrere Dinge gleichzeitig erledigen. Multitasking schafft ein Glücksgefühl, wenn man viele Arbeiten in einem knappen Zeitraum erledigt.

Sie muss immer mehrere Dinge gleichzeitig machen, sonst ist sie unglücklich. Wenn sie fernsieht, strickt sie gleichzeitig. Wenn die bügelt, muss sie eine CD hören, um das Jacobsen-Training, eine Entspannungsmethode, zu erlernen.

Die Frau kann nicht genießen. Für sie ist nur Genuss, wenn sie ihr Arbeitsprogramm, das sie sich verordnete, erfolgreich abgewickelt hat.

Weil dieser Erfolg aber selten eintritt, ist sie unzufrieden mit sich und wird immer fahriger und hektischer, weil sie unter ihren Anforderungen bleibt.

Sie muss immer beschäftigt sein, weil eine innere Leere und ein Untätigsein Panikgefühle auslösen. Sie flieht in die Geschäftigkeit, denn nur wenn sie tätig ist und gebraucht wird, hat ihr Leben Sinn. Sie darf dem lieben Gott nicht die Zeit stehlen. Nur wenn sie etwas leistet, erfüllt sie Gottes Plan mit ihr in dieser Welt.

Es sind viele Gespräche, viele Gebete und Geduld notwendig, um diese falsche Lebensgrundeinstellung zu ändern.

Dieser Lebensstil ist eine Lebenslüge.

Dieser Lebensstil kennzeichnet Ungeduld.

Dieser Lebensstil ist eine Selbstüberforderung und eine Glaubensfehlhaltung.

Was können wir tun?

Wie können wir geduldiger werden?

Wie können wir Ungeduld, Unruhe,
Hektik und Nervosität ablegen?

Wie kann die Frucht des Geistes,
denn Geduld ist eine Frucht des Heiligen Geistes,
wirksam werden?

Hinweis Nr. 1:
Erkennen Sie, welche Motive hinter Ungeduld, Unruhe und Nervosität stecken

Die Motivationsforschung kennt einerseits *biogene* und andererseits *soziogene* Motive. Biogene Motive gehören zu unserer biologischen Ausrüstung. Es geht um das Stillen von Bedürfnissen wie Hunger, Durst und Sexualität. Zu den soziogenen Motiven gehören die Bedürfnisse nach Intimität, Macht und Leistung.

Der Hirnforscher Gerhard Roth schreibt zu dem Motiv Macht:

„Das Motiv Macht ist gekennzeichnet durch das Streben nach Status, Kontrolle und Dominanz. Kennzeichnend ist hier die Verbindung mit einem erhöhten Spiegel von Testosteron (...) Die Motivationspsychologie unterscheidet in diesem Zusammenhang zwei Persönlichkeitstypen. Die einen sind die Erfolgs-Zuversichtlichen, die anderen die Misserfolgs-Ängstlichen."[4]

Je mehr Machtmotive den Menschen charakterisieren, desto ungeduldiger, unruhiger, hektischer und nervöser denkt und handelt er.

Wir differenzieren in Seelsorge und Beratung genau zwischen Symptomen und Motiven. Viele nehmen Symptome ins Gebet, aber die Symptome sind nur die Anzeichen für eine tiefer liegende Störung. Symptome zeigen etwas an, sie sind nur die Fassade, *nicht* die Ursache, *nicht* der Beweggrund, *nicht* das eigentliche Motiv unseres Problems.

Viele Menschen beten um Befreiung von *Symptomen*. Und Gott schenkt oft keine Befreiung. Was beten die Menschen konkret?

„Herr, hilf, dass ich ruhig werde.

Herr, hilf, dass ich geduldig werde.

Herr, nimm mir die Hektik,

befreie mich von der Nervosität!"

Alle Gebete treffen nicht den Kern der Sache. Warum nicht?

Wir wollen von *Hektik* befreit werden, haben aber nicht darüber nachgedacht, was uns hektisch werden lässt.

Wir beten um Befreiung von *Ungeduld,* haben aber nicht darüber nachgedacht, was die Ungeduld bewirkt.

Die *Motive* der beschriebenen Symptome bleiben im Dunkeln. Aber die müssen verändert werden, die müssen ins Gebet genommen werden, die müssen mit Gottes Hilfe bearbeitet werden.

Wie können hilfreiche Gebete lauten?

„Herr, ich bin ungeduldig, ich bin hektisch. Ich weiß nicht, woran das liegt, dass ich so fahrig und nervös bin. Herr, ich bitte dich, mach mir in den nächsten vier bis sechs Wochen im Gebet, im Gottesdienst, in der stillen Zeit klar, was ich mit Hektik, Unruhe und Ungeduld ausdrücke. Was will ich damit bezwecken? Was will ich – vermutlich unbewusst – damit erreichen?"

Der Herr wird mir Antwort geben, wenn ich ehrlich daran interessiert bin.

Typische Motive, die wir in der Beratung immer wieder herausgearbeitet haben, lauten zum Beispiel:

- „Die *Arbeit* ist der Sinn meines Lebens. Nur wenn ich schufte, werde ich akzeptiert."
  (Logisch, dass ich schnell erschöpft bin.)
- „Ich muss mich für andere *aufopfern.* Nur wenn ich gebraucht werde, bekommt mein Leben Sinn.

Ich gebe Liebe, um geliebt zu werden."
(Logisch, dass ich mich überfordere.)
- Ich habe riesige *Minderwertigkeitsprobleme.*
Durch Arbeit, durch Ehrgeiz, durch übergroßen
Einsatz verschaffe ich mir Geltung, Ansehen und
Bestätigung.
(Logisch, dass ich irgendwann an Burnout leide!)

Diese gefährlichen Antreiber stürzen Menschen in
Unruhe, Ungeduld, Hektik und Nervosität. Oft bleiben sie versteckt, weil wir sie nicht wahrhaben wollen. In der Seelsorge nehmen wir sie ins Gebet und
versuchen sie mit Gottes Hilfe und Beistand zu korrigieren. Doch auch ohne Therapeuten, ohne Seelsorger und Ärzte können diese Einstellungsmuster
oft – nicht immer – verändert werden, wenn sie erkannt werden.

Hinweis Nr. 2:
Der wirklich Geduldige kann Nein sagen
Geduld beinhaltet Standhaftigkeit. Ich bin vom le-
bendigen Gott abhängig und nicht von Menschen.
Geduld heißt: Ich kann Nein sagen.

Wie kommt das eigentlich, dass viele Menschen
nicht Nein sagen können? Wie lauten ihre offenen
oder versteckten Motive? Einige Möglichkeiten:

Sie wollen gefallen,

sie wollen geliebt und anerkannt werden,

sie wollen, dass alle Menschen
gut von ihnen denken.

Und der Erfolg? Sie sagen Ja und überfordern sich. Sie sagen Ja und bringen sich in großen Stress. Sie sagen Ja, und klappen eines Tages zusammen. Im Grunde legen sie mehr Wert darauf, von Menschen als von Gott geliebt zu werden.

Nur wer solche Motive ändert, nur wer sich von diesen oft versteckten Beweggründen verabschiedet, lernt, Nein zu sagen.

Hinweis Nr. 3:
Beginnen Sie mit einem Punkt

Sie werden nur geduldig, wenn Sie barmherzig mit sich umgehen. Viele Ungeduldige sind Perfektionisten. Sie sind nicht nur genau,

sie sind *über*genau,

sie sind *über*moralisch,

sie sind *über*gewissenhaft,

sie sind *über*ehrgeizig.

Das kleine Wörtchen *über* macht deutlich, wie wir die Ungeduld, die Unruhe und die Unzufriedenheit züchten. Wir tun des Guten zu viel. Wir strapazieren den gesamten Organismus. Perfektionismus ist eine Zielverfehlung, ist eine Sünde und Selbstruhm.

Der ehemalige Leiter der psychiatrischen Abteilung der Klinik Hohe Mark, Dr. Scharrer, sagte einmal: „Unsere Klinik sitzt von oben bis unten voll von Ehrgeizigen und Perfektionisten."

Das Hundertprozentige gibt es im Himmel. Eine Veränderung um 20 Prozent schafft eine 20-prozentige Verbesserung. Das ist viel!

Hinweis Nr. 4:
Geduld ist eine Frucht des Heiligen Geistes
Geduld ist nicht in erster Linie eine menschliche Tugend. Geduld ist nicht in erster Linie das Ergebnis eines starken Willens.

Darum haben die Philosophen und Schriftsteller Friedrich Bollnow und Josef Pieper die Geduld nicht zu den Tugenden gerechnet, die menschlich erworben werden können. Beide berufen sich auf Paulus, der die Geduld im Galater-Brief zu den neun Früchten des Geistes zählt.[5] Geduld ist keine Willensanstrengung, Geduld ist ein Geschenk.

Im ersten Korinther-Brief heißt es: „Die Liebe verträgt alles, sie glaubt alles, sie hofft alles, sie duldet alles." (1. Korinther 13,7) Wenn wir dabei unsere menschliche Liebe vor Augen haben, dann erliegen wir einem theologischen Missverständnis. Die geduldige Liebe ist ohne die *agape* Gottes nicht denkbar. Geduld ist ein Charisma, wie die *agape,* wie die Liebe aus Gott.

Um diese *agape* zu verstehen, regte der Theologe Karl Barth an, hier statt „Liebe" „Christus" einzusetzen. Dann liest sich der Abschnitt etwas anders:

Christi Liebe hat einen langen Atem, hat Geduld,
Christi Liebe trägt nicht nach,
Christi Liebe verhält sich nicht selbstsüchtig,
Christi Liebe erträgt alles,
Christi Liebe glaubt alles,
Christi Liebe hört niemals auf.

Solche Liebe ist eine unvorstellbare Kraftzufuhr und eine Stärkung unserer inneren Widerstandsfähigkeit, der Resilienz.

Strategie Nr. 6:
Krisen bewältigen – Leid überstehen

Lebensprobleme, Krisen, Leid und wechselhafte Zeiten gehören zu den Grundtatsachen dieser Welt. Wie es keine Rosen ohne Dornen gibt, so gibt es kein Leben ohne Leiden, kein Leben ohne Krisen. Wie die Luft zum Atmen gehören diese Dinge zum Wachstum des Menschen.

Der Mensch gerät aus dem Gleichgewicht. Seine innere Stärke, seine Widerstandsfähigkeit und damit seine Resilienz werden auf die Probe gestellt.

Die Polarität kennzeichnet unser Leben
Wir sprechen von
 - hell und dunkel,
 - Lust und Leid,
 - Sommer und Winter,
 - Freude und Tränen,
 - Sonnenschein und Regen,
 - Wohlgefühl und Schmerzen,
 - Geburt und Tod.

Schönes und Schlechtes, Schlimmes und Erfreuliches kennzeichnen das Auf und Ab unseres Lebens. Seit dem Sündenfall gehören Krisen, Leid, Krankheiten, Abnormitäten und Schmerzen, also wechselhafte Zeiten, zu unserer Welt. Wir sind umgeben von Begriffen wie

- Lebenskrisen,
- Entwicklungskrisen,
- Reifungskrisen,
- Beziehungskrisen,
- Identitätskrisen,
- Sinnkrisen,
- Glaubenskrisen,
- Umbruchkrisen,
- Gesellschaftskrisen und Versorgungskrisen.

Richard David Precht, ein bekannter Philosoph, schreibt über sein neuestes Buch „Die Kunst, kein Egoist zu sein" in einem Interview:

> „Diese Krise unserer Zeit ist mehr als eine Finanz- oder Wirtschaftskrise. Sie ist eine Gesellschafts- krise. Noch nie war eine Gesellschaft so sehr auf Materielles fixiert, ohne dadurch glücklicher zu werden. Stattdessen wird der soziale Zusammen- halt unserer Gesellschaft immer schlechter." [1]

Wie können Krisen im Leben entstehen?

Anlässe, Gründe, Motive und Anlagen gibt es viele. Krisen entstehen, wenn
- Menschen unter seelischen Druck geraten,
- das seelische Gleichgewicht gestört ist,
- große Ängste das Leben erschüttern,
- Geborgenheit und Sicherheit bedroht werden,
- Menschen in Sackgassen geraten.

Sachliche, fachliche und therapeutische Seelsorge will den Motiven und Ursachen des Krankseins auf die Spur kommen. Es gibt Störungen und Symptome, die eine tiefer liegende Wunde anzeigen. Und diese tiefer liegenden Wunden können beinhalten:
- ein verzerrtes Gottes- und Glaubensbild,
- Misstrauen Gott gegenüber,
- verzweifelte Verdammungsangst,
- eine tiefer sitzende Selbstwertstörung,
- eine ungeistliche Leistungsfrömmigkeit,
- Angst, dem Leben nicht gewachsen zu sein,
- Zweifel und Zwänge,
  die Glauben und Leben belasten,
- Depressionen und krankhafte Schuldgefühle
- und vieles mehr.

Jeder Mensch reagiert unterschiedlich auf Lebensprobleme

Gott hat Originale geschaffen, keine Einheitsmenschen. Keiner gleicht dem anderen. Jeder reagiert anders, fühlt anders, lebt und glaubt anders.

Das ist der Reichtum des Menschengeschlechts; das ist aber auch ein Schlüssel für viele Missverständnisse, Auseinandersetzungen und Konflikte. Wie kommt es, dass sich gewisse Menschen ständig gekränkt und angegriffen fühlen? Warum neigen einige zur Selbstzerstörung? Dr. Samuel Pfeifer, der erfahrene Facharzt für Psychiatrie und Psychotherapie in der Schweiz, schreibt über sensible und übersensible Menschen:

„In der Tat lassen sich krankhafte Persönlichkeitsmuster bis in die frühe Jugendzeit verfolgen. Die Grundzüge von Selbstsicherheit oder Ängstlichkeit, von Vertrauen oder Rückzug scheinen genetisch vorgegeben zu sein. Aber Stärken und Schwächen werden durch spätere Erfahrungen und seelische Verletzungen zusätzlich geprägt (…) Dabei zeigt sich bei allen Persönlichkeitsstörungen eine deutliche Beziehung zu dem, was man in der Diagnostik als Neurotizismus bezeichnet. Dieser grundlegende Persönlichkeitszug setzt sich aus folgenden Elementen zusammen: Ängstlichkeit, depressive Verstimmtheit, Neigung zu Schuldgefühlen, Stimmungsschwankungen, niedriges Selbstwertgefühl, angespannt, irrational, schüchtern, gefühlsbetont …"[2]

Die Verhaltens –und Einstellungsmuster sind bei allen Menschen verschieden. Viele sind anlagebedingt und werden durch spätere Erfahrungen bestätigt oder abgemildert.

Die optimistische und die pessimistische Persönlichkeit

Ich greife zwei Persönlichkeitstypen heraus, die das Leben und die Probleme völlig unterschiedlich angehen.

Da ist zunächst die optimistische Persönlichkeit. Sie nimmt Krisen und Probleme pauschal gelassener und ohne Anfechtung hin. Sie glaubt,
- dass auf Regen Sonnenschein folgt,
- dass Krisen nicht ewig dauern,
- dass Krisen dazu da sind,
  gelöst und bewältigt zu werden,
- mit Gottes Beistand und Kraft
  hilfreiche Lösungsmöglichkeiten zu finden.

Der Optimist ist häufig ein Lebenskünstler. Er sieht das Positive, er glaubt an sich und neue Wege. Er hat es im christlichen Glauben auch leichter, weil Zweifel und Befürchtungen nicht zu seiner Persönlichkeitsstruktur gehören. Er schaut auf das Gelingen und nicht auf die Fehler. Er ist erfolgsorientiert.

Die pessimistische Persönlichkeit hat es im Leben schwerer. Sie glaubt,
- dass Krisen das Leben total verändern,
- dass Krisen Katastrophen beinhalten,
- dass sie von Unglück und Pech verfolgt wird,
- dass das Leben in erster Linie Leid und Schmerzen bereithält.

Als Christ geht sie eher davon aus, dass Gott mit Leid, Krisen und Problemen den Menschen bestrafen will. Der Pessimist sieht in erster Linie das Negative, sieht die Fehler, sieht den Misserfolg und das Unglück. Viele Pessimisten sind Befürchtertypen. Sie malen den Teufel an die Wand. Sie hören das Gras wachsen.

Leiden führt zur Standhaftigkeit

Paulus formuliert im Römer-Brief:

> „Sogar dass wir jetzt schon leiden müssen, ist uns ein Grund zur Freude. Denn wir wissen, dass Leiden zur Standhaftigkeit führt; Standhaftigkeit aber führt zur Bewährung, und in der Bewährung festigt sich unsere Hoffnung." (Römer 5,3-4)

Wir haben ein schönes deutsches Sprichwort, das es ähnlich ausdrückt: „Not lehrt beten."

Not macht erfinderisch,

Not setzt Energien frei,

Not ist eine Herausforderung,

Not fördert die Aktivität,

Not, Trübsal oder Leiden machen standhaft.

Gleichzeitig gilt aber auch: Wer Not leidet und die Flügel hängen lässt, geht unter. Wer Not leidet und in Selbstmitleid verfällt, vergrößert sein Elend.

Leid macht mobil. Das war die Erfahrung nach dem Zweiten Weltkrieg in Deutschland. Der Krieg war verloren. Unsere großen Städte waren zerstört. Unsere Wirtschaft lag am Boden. Und dennoch hat es zu keiner Zeit weniger Selbstmorde gegeben als in den bitteren Nachkriegsjahren.

Leiden bringt Geduld. Leiden kann motivieren und die Energien im Menschen mobilisieren. Und wiederum: Leiden kann bedrücken und Menschen in die Resignation treiben.

Im Griechischen steht für Leiden das Wort *thlipsis*. Es kann auch Druck bedeuten. Viele Menschen stehen heute unter Druck. Druck, den sie sich selbst eingebrockt haben, Druck, dem sie von außen ausgeliefert sind. Aber: Druck macht mobil.

Was bleibt, wenn nichts mehr bleibt

Unter diesem Titel stand ein interessanter Artikel von Viktor E. Frankl in der Zeitschrift „Salzkorn" der Offensive Junger Christen. Frankl war Professor für Neurologie an der Universität Wien. Er verstarb 1997. Bis 1945 durchlief er vier Konzentrationslager. Über die KZ-Aufenthalte schrieb er einen bewegenden Bericht mit dem Titel „Trotzdem Ja zum Leben sagen". Wörtlich heißt es bei ihm:

„Solche Leute, die auf diese Weise völlig haltlos geworden waren, ließen sich alsbald fallen. Die typische Redewendung, mit der sie allen aufmunternden Argumenten entgegentraten und jeglichen Zuspruch ablehnten, lautete dann immer:

‚Ich hab ja vom Leben nichts mehr zu erwarten.' Was hier Not tut, ist eine Wendung in der ganzen Fragestellung nach dem Sinn des Lebens: Wir müssen lernen und die verzweifelnden Menschen lehren, dass es eigentlich nie und nimmer darauf ankommt, was wir vom Leben noch zu erwarten haben, vielmehr lediglich darauf: was das Leben von uns erwartet."[3]

Frankl ist überzeugt, dass nicht wir nach dem Sinn des Lebens fragen, sondern dass wir uns selbst als die Befragten erleben. Diese Fragen haben wir zu beantworten.

Denn Leben heißt, Verantwortung zu tragen für die rechte Beantwortung der Lebensfragen, für die Erfüllung der Aufgaben, die uns das Leben stellt.

Frankl macht deutlich, dass Menschen, die sich im KZ aufgegeben haben, innerlich und äußerlich verfallen sind. Das heißt für uns:

Wer keine Zukunft hat, wer sich geistig und menschlich fallen lässt, weil er hoffnungslos ist, der kann die Krisen des Lebens nicht bewältigen.

Wir brauchen einen Halt, und wir brauchen ein Ziel. Gott gibt uns das Leben, aber auch das Leid. In dem Leid liegt eine Aufgabe. Leiden sollen uns nicht in die Resignation treiben, sie sollen uns standhaft machen, die Aufgaben, die uns Gott und das Leben stellen, zu erfüllen.

Wie gehen wir mit Lebenskrisen um?

Welche Anregungen können uns stabilisieren?
Welche Hinweise können uns stärken?

Hinweis Nr. 1:
Nehmen Sie sich selbst an
Wer sich nicht bejaht,
   ist unglücklich und unzufrieden;
wer sich nicht bejaht,
   bejaht auch das Leben nicht;
wer sich nicht bejaht,
   bejaht auch den Sinn des Lebens nicht.

Das Neue Testament empfiehlt uns: „Nehmt einander an, wie Christus euch angenommen hat." (Römer 15,7) Er liebt uns so, wie wir sind. Weil das so ist, dürfen wir uns selbst bejahen, dürfen wir mit uns selbst einverstanden sein. Und zwar
   mit unseren Eigenarten,
   mit unseren Fehlern,
   mit unseren Begabungen,
   mit unseren Grenzen und Begrenzungen.

Wer das sagen kann, der hat Lebensmut. Wer das leben kann, packt zu und resigniert nicht. Wer sich so sieht, denkt positiv von sich, von den anderen, von seinen Chancen und Möglichkeiten. Wer sich so sieht,
   dreht sich nicht um sich selbst,

sieht den Anderen,
kümmert sich auch um ihn,
geht zu ihm hin,
sucht ihn,
findet den Anderen,
und findet damit jedes Mal
auch den Sinn im Leben.

Hinweis Nr. 2:
Immer wieder den positiven Blick trainieren
Wir wollen nicht die Blickweisen trainieren, die überall

die Schatten sehen,
die Dunkelheit wahrnehmen,
das Hässliche erkennen,
die Fehler beobachten,
die Unvollkommenheit entdecken,
die Kriege, das Unheil und
die Skandale im Auge haben.

Wir brauchen einen positiven Blick, der das Schöne sieht, der die Chancen wahrnimmt, die Lösungen einkalkuliert; einen Blick, der Hoffnung hat. Wir brauchen positive Augen, die sich nicht entmutigen lassen. Nach dem Motto: Es ist besser, ein Licht in der Dunkelheit anzuzünden, als über die Dunkelheit in der Welt zu jammern. Es ist besser, einen Tropfen Öl ins Getriebe zu geben, als untätig herumzusitzen und zu stöhnen.

Hinweis Nr. 3:
Haben Sie den Mut zur Unvollkommenheit
Das ist keine Aufforderung zur Gleichgültigkeit, zur persönlichen Nachlässigkeit oder zur Vernachlässigung der zwischenmenschlichen Beziehungen.

Mut zur Unvollkommenheit heißt auch:
Mut zu Fehlern,
Mut zur Lücke,
Mut zur Echtheit, zur Menschlichkeit,
Mut zum Eingeständnis von Schwächen.

Je mehr der Mensch Vollkommenheit anstrebt, desto mehr gerät er in den Strudel der Selbstabwertung, wenn er es nicht schafft. Der Mensch, der Vollkommenheit anstrebt, ist unzufrieden und unglücklich, wenn er nicht das Hundertprozentige erreicht.

Mut zur Unvollkommenheit heißt auch,
ich akzeptiere mich, wie ich bin,
ich akzeptiere den anderen, wie er ist,
ich akzeptiere, dass es Krisen gibt,
die gelöst werden können.

Hinweis Nr. 4:
Belastungen machen belastbar

Schwere Probleme, Lebenserschütterungen und Misserfolge können lähmen und zerstören. Das darf nicht verschwiegen werden. Aber sie können einen Menschen auch stärken, ihm neue Kraft geben und dem Leben einen neuen Schub verleihen. Leiden und Schmerzen können das *Dennoch* in Menschen wachrütteln.

Es gibt eine asiatische Weisheit, die lautet: „Je tiefer der Bambus durch Sturm und Wetter heruntergedrückt wird, desto fester und härter das Holz, desto stärker werden seine Knoten."

Das gilt auch für das Korn auf unseren Feldern. Die langen Halme des Roggens beispielsweise, die im Frühjahr und während der Reifezeit von Sturm und Regen hin und her geschüttelt werden, leisten in Extremsituationen starken Widerstand. Die Belastungen haben sie standfester gemacht.

Ungezählte Menschen haben in der Nachkriegszeit vom „Wunder" gesprochen. Die Schmerzen, das Leid und die Zerstörungen haben den Mut geschürt, jetzt erst recht die Ärmel hochzukrempeln, um den Belastungen gewachsen zu sein.

Hinweis Nr. 5:
Wir benötigen Rückgrat

Wir alle brauchen einen starken Halt. Wir brauchen eine Kraftquelle, die uns Stärke verleiht, die uns Stehvermögen schenkt, leben wir doch in einer Multikulti-Welt. Ein Supermarkt von Meinungen und Weltanschauungen lädt uns ein. Wir erleben eine Flut von religiösen Richtungen. Es gibt unzählige Beeinflussungen, die uns verwirren und verrückt machen. Wir leben in einer Welt, die vom Zeitgeist geprägt ist.

Die Fortschrittsreligion treibt uns an: Immer höher, immer schneller, immer besser. Auch unsere Kirchen und Gemeinschaften wollen in unterschiedlicher Stärke mithalten. Junge und Erwachsene werden hin und her gerissen. Viele schwimmen und lassen sich mitreißen.

Es mangelt an Klarheit und Geradlinigkeit.

Es mangelt an Festigkeit und Eindeutigkeit.

In einer satirischen Wochenzeitschrift sah ich eine Lithographie mit der Überschrift: „Die Rückenoperation". Da kommen von links reihenweise gerade, verantwortungsbewusste Männer, die sich ahnungslos und willig zu einem Operationstisch hin geleiten lassen. Selbst auf dem Operationstisch haben sie die Hände angelegt. Einer nach dem anderen wird behandelt von einem Superwesen, das ihnen das

Rückgrat herausoperiert. Auf allen Vieren kriechen sie – zurechtgebogen – aus dem Raum.

Es sind erbärmliche Gestalten, ohne Halt und ohne innere Überzeugung. Sie wanken durch die Gegend, ein willenloses Werkzeug anderer Mächte und Menschen. Im Gleichschritt tanzen sie nach der Pfeife eines dämonischen Wesens, das sie gefügig gemacht hat.

In der Tat: Ein Mensch ohne Rückgrat ist haltlos. Er wird von jeder Meinung, jeder Weltanschauung und Einflüsterung hin und her geworfen. Er ist schwach und schwimmt in der Masse mit. Er übernimmt keine Verantwortung.

Der Glaube an Jesus Christus gibt Kraft und Rückgrat. Wenn wir nicht Konformisten werden wollen, brauchen wir in der heutigen Zeit Rückgrat und einen festen Halt. Wir haben ihn nicht ohne weiteres in uns selbst.

Hinweis Nr. 6:
Meinem Gott ist nichts unmöglich

Im Alten Testament lese ich die Verheißung: „Ach, Herr, mein Gott, durch deine gewaltige Kraft und Macht hast du Himmel und Erde geschaffen. Nichts ist dir unmöglich." (Jeremia 32,17)

Meine Frau und ich sehen im Fernsehen am liebsten Natur-Dokumentationen: Geheimnisse in der Tierwelt, Geheimnisse am Meeresgrund, Geheimnisse im Weltall. Jeden Tag entdecken Forscher Neues. Wenn wir die Größe Gottes kennenlernen wollen, dann erleben wir ein Naturwunder nach dem anderen. Die Forscher sagen: Vom Weltall verstehen wir höchstens zwei Prozent. 98 Prozent liegen für sie im totalen Dunkel.

Und immer noch sind Unzählige davon überzeugt, es sei die Natur, es sei die Evolution, die sich alles so wunderbar hat entwickeln lassen.

Der amerikanische Theologieprofessor Jay E. Adams hat eine Reihe guter Seelsorge-Bücher geschrieben. In einem hat er einen ganzen Abschnitt überschrieben mit „Unmöglich, ein unmögliches Wort". Wörtlich heißt es bei ihm:

„Die meisten Christen, die zur Seelsorge kommen, gebrauchen oft das Wort ‚unmöglich' immer wieder. Die Sprache eines Menschen zeigt nicht nur an, was er denkt, sondern beeinflusst auch sein Verhalten. Wenn Christen ständig sagen: ‚Ich kann das, was Christus von mir verlangt, nicht tun', dann werden sie bald einmal ihrer eigenen Lüge glauben. Und es ist eine Lüge, denn sie entstammt der Auflehnung, und sie verachtet die Verheißung, dass Gott treu ist."[4]

Viele Menschen und Christen geben oft viel zu schnell auf, wenn Lebensprobleme auftauchen, wenn große Enttäuschungen uns heimsuchen. Sie kapitulieren und brechen Versprechen – auch gegenüber dem lebendigen Gott. In Seelsorge und Beratung erlebe ich viele feine Christen, die schnell an ihre Grenzen kommen, die aufgeben und sich hängen lassen.

Hinweis Nr. 7:
„Alles vermag ich durch Christus, der mich stark macht" (Philipper 4,13)

Dieser Vers ist der Schlüssel, um Paulus zu verstehen. Er ist der Schlüssel auch für unsere Stabilität, für unsere Zuversicht und für unsere Seelenstärke.

In der heidnischen Welt gab es zur Zeit des Paulus ein Ideal der Autarkie und Unabhängigkeit sowie der Selbstgenügsamkeit und Bescheidenheit. Diogenes hat es in seiner Tonne vorgelebt. Für die heidnische Philosophie war das ein hochgestecktes Ziel. Man wollte unabhängig leben,

frei sein vom Streben nach Reichtum,

frei sein vom Streben nach Ruhm und Ehre,

frei sein von Geltungssucht,

alles aber aus eigener Kraft. Da sitzt der Pferdefuß.

Christliche Autarkie hat ein anderes Gepräge, hat ein anderes Gesicht. Paulus schreibt an die Gemeinde in Philippi, jener Stadt an der großen Ost-West-Reichsstraße des römischen Weltreiches. Wörtlich heißt es bei ihm: „Ich habe gelernt, in meiner Lage ‚autark' zu sein, mich zu bescheiden." – und dann der Schluss – „Alles vermag ich in dem, der mich stark macht."

Mit anderen Worten:
Meine Stärke, das ist nicht meine eigene Power,
meine Stärke, das ist nicht mein Charakter,
meine Stärke, das ist nicht meine Größe,
meine Stärke, das ist nicht meine Selbstdisziplin,
meine Stärke ist Christus.

Trotz der Gefangenschaft reagiert Paulus zuversichtlich. Er bleibt trotz der Krise ruhig und freudig. Das ist kein „goldenes Mittelmaß", wie es der Dichter Eduard Mörike schöngeistig formulierte:
„Du wollest mit Freuden
und wollest mit Leiden
mich nicht überschütten,
doch in der Mitten
liegt holdes Bescheiden."

Paulus weiß um Höhen und Tiefen, er weiß um Sattsein und Hunger. Er kennt beides. Er will kein Mittelmaß. Er will vor Extremen nicht bewahrt bleiben. Er will vielmehr in jeder Situation von Christus getragen werden.
„Alles vermag ich *durch* Christus!"
Alles kann ich ertragen, *in* ihm,
alles kann ich bewältigen, *mit* ihm.

Der holländische Maler Rembrandt hat ein Bild gemalt, auf dem Paulus im Gefängnis sitzt, eingesperrt, abgeschirmt, allein. Man sollte meinen, er wäre hilflos und kraftlos und den Mächtigen der Welt ausgeliefert.

Aber an der Wand hängt ein überdimensionales großes Schwert. Ein Widerspruch in sich. Ein Gefangener besitzt kein Schwert. Ein Gefangener ist waffenlos. Rembrandt hat in Paulus keinen zusammengebrochenen Mann gesehen, der mit seinem Latein am Ende ist. Der größte Missionar aller Zeiten schrieb keinen Verzweiflungsbrief aus dem Gefängnis, sondern eine so genannte „Freudenepistel", einen Freudenbrief.

„Alles vermag ich durch Christus!"

Das ist seine Botschaft.

Das Schwert ist das Symbol der Macht,

das Schwert ist das Symbol der Freiheit,

das Schwert ist das Symbol der Stärke.

Paulus ist gefangen und doch frei. Paulus ist eingesperrt und doch haben Millionen Menschen den Philipper-Brief gelesen, der Frauen und Männern Mut macht.

Strategie Nr. 7:
Lebenslügen aufgeben

Viele Menschen können es sich nicht vorstellen, dass wir uns selbst belügen und bestimmte Einsichten und logische Überzeugungen für wahr halten. Es handelt sich um unbewusste, versteckte und schwer zu korrigierende Selbsteinreden, Selbsttäuschungen und Selbstindoktrinationen, die wir glauben. Sie haben uns geprägt und beeindruckt, haben unsere Persönlichkeit derart strukturiert, dass wir von bestimmten Erlebnissen so beeinflusst wurden, dass die Selbsttäuschungen für uns gültig sind.

Wie können Menschen sich Lügen einreden, an die sie glauben? Wie ist es möglich, dass unser Gehirn uns einen Streich spielt? Wie bilden sich Unwahrheiten, Vorurteile, falsche Selbsteinreden und unwahre Rechtfertigungen?

Nicht die bewussten Lügen sind die schlimmsten
Vermutlich halten wir alle die *bewussten* Lügen für die gefährlichsten. Das leuchtet ein. Denn schließlich sind wir für alles, was wir tun und lassen, verantwortlich.

Bewusste Lügen durchschauen wir sofort. Sie sind uns gegenwärtig. Wenn wir wollen, können wir dieses Verhalten schnell ändern und es gezielt vor Gott bringen.

Aber es gibt auch die *un*bewussten, *un*verstandenen und *un*kontrollierten Vorurteile und Überzeugungen, die sich tief eingenistet haben. Und wir glauben an sie.

Wir halten sie für wahr,
wir sind von ihrer Richtigkeit überzeugt,
wir verteidigen sie lebhaft.

Was sind die Motive für diese Selbsttäuschungen und „Sicherungskunstgriffe", wie sie ein Forscher einmal genannt hat? Wie lauten die Beweggründe für diesen Selbstbetrug?

Ein Psychiater erklärt die Entstehung von Lügen
Ratsuchende fragen immer wieder, wie diese falschen Wahrnehmungen zustande kommen und warum sie sich so hartnäckig im Gedächtnis eingenistet haben. Eine überzeugende Antwort gibt ein amerikanischer Psychiater.

Der amerikanische Arzt, Dr. Chris Thurman, der an den weltweit größten psychiatrischen Kliniken der Welt in Texas arbeitet, hat die Entstehung dieser Lügen anschaulich so geschildert:

„Ihr Gehirn lässt sich mit einem Kassettenrekorder vergleichen. Es kann sowohl Botschaften aufnehmen als auch wiedergeben, und es hat Zugang zu einer persönlichen Bibliothek von Tausenden Kassetten, die jederzeit abgespielt werden können.

Diese Kassetten enthalten alle Überzeugungen, Einstellungen und Erwartungen, die Sie während Ihres Lebens ‚aufgenommen' haben. Manche dieser Kassetten in Ihrem Gehirn enthalten die Wahrheit, wie etwa ‚Man kann es nicht allen recht machen' oder ‚Das Leben ist hart'. Andere dagegen enthalten Lügen wie ‚Ich bin nur so viel wert wie meine Leistung'. Viele Ihrer Lügenkassetten sind schon lange vorhanden, manche sogar seit ihrer Kindheit. Sie haben sich diese Bänder so lange angehört, dass die mittlerweile wahr klingen, obwohl sie Lügen sind."[1]

Deutlich wird:
- Diese Botschaften beeinflussen jeden Tag unsere Gefühle, unsere Überzeugungen und unser Handeln.
- Diese Selbsttäuschungen und Erwartungen sind Lügen, weil sie nicht mit der Wirklichkeit übereinstimmen.
- Es ist schwer, die unbewussten Erwartungen, die mit diesen Überzeugungen verbunden sind, und mit denen wir unbewusst Ziele verfolgen, als Lügen zu entlarven.
- Diese Selbsteinreden haben uns geprägt, unseren Lebensstil programmiert, unser Denken und Handeln beeinflusst. Warum sollen wir sie aufgeben?

Andere Forscher verschiedener Disziplinen haben sich seit Jahren mit Prozessen im Gehirn beschäftigt, die belegen, was vorbewusst, unbewusst und durch unzählige Einflüsse geschieht, damit diese verinnerlichten Lügen entstehen.

Das Gehirn ist ein hochkompliziertes Labor, das auch Lügen produziert. Um das zu verstehen, ist ein kleiner wissenschaftlicher Exkurs notwendig.

Wie kommt es zu solchen menschlichen Eigenarten? Was geschieht in unserer Persönlichkeitsstruktur? Wie entwickeln sich unsere Lebensstile und Lebensziele, die uns im Denken, Fühlen, Glauben, Lieben und Arbeiten kennzeichnen? Was haben Neurologen, Gehirnforscher und Fachleute verschiedener Disziplinen herausgefunden? Wie arbeitet unser Gedächtnissystem?

Das autobiographische Gedächtnis

Die Forscher sprechen vom „autobiographischen Gedächtnis" und von „selbstdefinierenden Erinnerungen". Was ist darunter zu verstehen?

Es ist die Summe unserer Gedächtnisleistungen. Es produziert unsere Lebenserfahrungen in Szenen, Bildern, Erzählungen. Es umfasst das Wissen über uns selbst. Allerdings arbeitet dieses Gedächtnis, das unsere Erfahrungen und Erinnerungen gespeichert hat, auch mit Umdeutungen, mit Fälschungen und Fehlinformationen. Der Gehirnforscher Wolf Singer drückt es so aus: „Erinnerungen sind datengeschützte Erfindungen."[2]

Und diese „Erfindungen", an die wir glauben, sind die Lügen, die wir verinnerlicht haben. Ein Gespräch aus der Seelsorge mag das verdeutlichen:

„Im Garten haben doch Bäume gestanden!"
Ich möchte die „Umdeutung" und damit die Fehlinterpretation an einem kleinen Beispiel aus der Beratungspraxis klarmachen. Bei der Lebensstil-Findung arbeiten wir üblicherweise mit sogenannten „frühkindlichen Erinnerungen." Wir wissen, dass sie häufig verfälscht sind, aber die persönliche Interpretation, die subjektive Umdeutung ist für den Therapeuten interessant. Denn: Sie enthält die persönliche Stellungnahme des Ratsuchenden.

Ein etwa 45-jähriger Mann hat Eheprobleme. Er ist Direktor einer mittelgroßen Werkzeugfabrik. Als ältestes Kind von drei weiteren Geschwistern wurde er oft von seinen Eltern als Betreuer für die Jüngeren eingesetzt. Er erzählt folgende Erinnerung, die ich wörtlich wiedergebe: „Meine Geschwister und ich spielten hinter unserem Haus im Garten. Da standen hohe Bäume. Wir kletterten gemeinsam auf die Bäume. Mir gelang es, höher als alle meine Geschwister zu klettern. Ich bin stolz auf meinen Erfolg." Die gemeinsam erarbeitete Analyse lasse ich an dieser Stelle weg.

Vierzehn Tage später kommt der Mann in die Beratung. Er schaut mich fragend an und sagt: „Ich war letzte Woche bei meiner Mutter zu Hause. Als ich aus dem Fenster schaute, sah ich keine hohen Bäume im Garten und fragte meine Mutter, wo sie geblieben seien. Sie antwortete: ‚Da im Garten haben niemals Bäume gestanden, immer nur kleine Sträucher.' Aber, Herr Ruthe, ich bin doch kein Lügner! Ich habe realistisch, plastisch die grünen hohen Bäume vor meinen Augen gesehen."

Der Ratsuchende ist über seine Fehleinschätzung und seine Lüge erschüttert. Sein Beispiel zeigt kurz und knapp, was Singer meinte: „Erinnerungen sind datengeschützte Erfindungen."

Die Analyse der Erinnerungen bei dem Mann in der Beratung brachte ans Licht, dass sein Lebensstil und die Leitmelodie seiner Grundüberzeugungen lautet: „Ich will und muss der Erste sein. Im Leben, in der Ehe und im Beruf beanspruche ich die Führungsrolle."

In der Erinnerung muss er, im Sinne dieser Lebensgrundüberzeugungen *über* den Geschwistern stehen. Er *erfindet* die hohen Bäume, in denen er höher geklettert ist als seine Geschwister. Die Erinnerung ist historisch einwandfrei, aber sie ist im Sinne des Betroffenen dem Lebensstil angepasst. So können Lügen entstehen, von denen wir ernsthaft überzeugt sind.

Das Gleiche schildert der große Psychologe und Begründer der Individualpsychologie, Alfred Adler. Auch er erzählte in einer frühkindlichen Erinnerung, dass er als kleiner Junge seinen Mut bewiesen habe, indem er nachts über einen bestimmten Friedhof gegangen sei. Am Ende seines Lebens korrigierte Adler diese Erinnerung und gestand ehrlich, dass es diesen Friedhof gar nicht gegeben habe. Als er die Erinnerung erzählt habe, sei er aber von der Existenz des Friedhofs felsenfest überzeugt gewesen.

Das heißt: Unser Selbstbild verleitet uns zu „Erfindungen", die unserem Selbstverständnis gerecht werden. Unser Lebensstil, der unsere Grundüberzeugungen wiedergibt, verleitet uns zu Lügen, die wir für wahr halten.

Die „selbstdefinierenden Erinnerungen"

Die Forscher behaupten, diese Erinnerungen steuerten unseren Gefühlshaushalt, unsere Beziehungsmuster, unsere Meinungen und Handlungen. Sie demonstrieren,

- was wir vom Leben erwarten,
- was wir sein wollen,
- was unsere Leitmotive und
  unsere Überzeugungen sind,
- was unsere Konflikte und Werte beinhalten,
- was unsere Identität und
  unser Selbstbild ist.

Weil uns alle diese Wünsche, Enttäuschungen und Erwartungen bestimmen, verleiten sie uns auch – ungewollt – immer wieder dazu, etwas ungenau, fehlerhaft und verlogen darzustellen.

Der Persönlichkeitspsychologe Silvan Tomkins hat das so beschrieben, dass selbstdefinierende Erinnerungen selten allein vorkommen. Sie sind mit dem Wunsch nach Anerkennung verbunden. Er schildert Erinnerungen von Menschen, die sich traurig, vernachlässigt, übersehen und im Stich gelassen fühlen. Tomkins macht deutlich, dass sich aus diesen Erinnerungen ein „Skript" bildet, eine Art Drehbuch für unser Leben. Tomkins wörtlich:

> „Erinnerungen, die um dieses Motiv kreisen, verbinden sich zu einem regelrechten Plot: ‚Ich bin schon immer benachteiligt worden, ich komme irgendwie zu kurz. Ich bleibe im Schatten.' Solche Skripts können wie im Beispiel eine ‚toxische' Wirkung entfalten, sie vergiften unsere Sicht auf die Dinge in Gegenwart und Zukunft." [3]

Das heißt wiederum: Unsere Erinnerungen werden im Sinne unseres Lebensstils, unserer Grundlebensüberzeugungen verändert, vergiftet und verstellt. Bei Licht besehen werden Tatsachen so umgedeutet, dass wir streng genommen von Lügen sprechen müssen.

„Das Gedächtnis ist ein unzuverlässiger Geselle"
Das ist der erste Satz eines Beitrags von Klaus Wilhelm in „Psychologie heute". Er geht davon aus, dass Menschen, die sich körperlich verausgaben, Gedächtniseinbußen erleiden. Wörtlich schreibt er:

„Allzu leicht rekonstruiert das Gedächtnis Geschehnisse, die so nie passiert sind, baut beispielsweise Leute in eine Erinnerung ein, die beim Originalerlebnis gar nicht da waren. Zudem lässt es sich von anderen Menschen bestens manipulieren. Besonders fatal kann sich das bei polizeilichen Ermittlungen und vor Gericht auswirken, wenn Zeugen Angeklagte be- oder entlasten."[4]

Amerikanische Psychologen von der Universität heuerten für ein Experiment 50 Polizeibeamte an, gesunde Männer und Frauen. Nach bestimmten Bewegungsübungen, die nur eine Gruppe absolvierte, während die andere ruhte, sahen sich beide Gruppen ein Video an, auf dem eine Szene aus einer Einbruchsserie gezeigt wurde. Das Ergebnis: Die körperlich beanspruchten Beamten erinnerten sich wesentlich ungenauer als die ausgeruhten Beamten.

Noch einmal Klaus Wilhelm wörtlich: „Wenn die Erschöpfung einsetzt, schwinden die kognitiven Ressourcen. Dann ist die Aufmerksamkeit vermindert. In diesem Fall kann auch das Gedächtnis nicht mehr richtig funktionieren."[5]

Immer wieder wird deutlich, wie unser Gedächtnis uns einen Streich spielt. Wie es unzuverlässig
und fehlerhaft arbeitet. Von daher werden Zeugen-
aussagen im Gerichtssaal auch äußerst kritisch bewertet. Es bestätigt sich wieder eine psychologische
Erkenntnis, die wir unzählige Male schon gelesen
und wissenschaftlich begründet gefunden haben:

„Wir sehen, was wir sehen wollen!"

„Wir hören, was wir hören wollen!"

„Wir deuten, wie es uns ins Konzept passt."

Eine äußerst kritische Analyse, was unsere Ehrlich-
keit, unsere Wahrhaftigkeit und unsere Korrektheit
angeht.

Das Bewusstsein,
der „Pressesprecher des Gehirns"

So formulierte es der holländische Experimental-
psychologe Ap Dijksterhuis. Denn die neuropsycho-
logische Forschung lehrt uns anhand bildgebender
Verfahren, dass die meisten Entscheidungen der
Menschen *unbewusst* und nicht bewusst getroffen
werden. Etwa 95 Prozent der Prozesse im Gehirn
laufen unbewusst ab.

Die Gehirnforscher behaupten, das Gehirn kön-
ne elf Millionen Informationen in einem Moment
gleichzeitig aufnehmen. Alle unsere Handlungen
basieren auf Tausenden kleiner Ursachen, Erfahrungen in Kindheit und Beruf. Andere Einfluss-

faktoren sind unsere Kultur, Menschen mit denen wir uns umgeben und die Medien, die wir zu Rate ziehen.

Das heißt: Bei fast allen Entscheidungen lassen wir uns – ohne es zu wissen – stark von unbewussten Erfahrungen, Gefühlen und unserer Umwelt beeinflussen. Streng genommen sind wir keine Vernunftwesen, sondern Erfahrungs- und Gefühlswesen, wie uns namhafte Gehirnforscher vermitteln.

Die Gefühle können nicht von der Vernunft abgekoppelt werden, sondern sind Grundlage all unseres Denkens und damit unserer Entscheidungen. Und ein amerikanischer Gehirnforscher stellt fest: „Ihr Gehirn arbeitet im Verborgenen und serviert Ihnen Ihre fertigen Ideen in einem Akt mächtiger Zauberei."[6]

Viele Forscher gehen heute davon aus, dass wir in Zukunft eine Revolution des Menschenbildes erleben werden. Alle Taten, alle Entscheidungen, das gesamte Rechtssystem müssten neu geregelt werden, um den ungezählten Beeinflussungen und Erfahrungen, die das Gehirn aufgezeichnet hat, und mit dem es alle Gefühle und Handlungen unterfüttert, gerecht zu werden.

In Beratung und Seelsorge erlebe ich seit vielen Jahren, dass Konflikte, Missverständnisse, Probleme und schwere Zerwürfnisse viel komplizierter sind, als wir bisher angenommen haben. Einfache Antworten, die wir geben, greifen häufig viel zu kurz und beinhalten mehr Unrecht als Recht.

Die Bedeutung unseres Bewusstseins haben wir lange Zeit überschätzt und die Macht des Unbewussten unterschätzt. Es geht aber nicht um zwei völlig getrennte Bereiche. Bewusstes und Unbewusstes spielen perfekt zusammen.

Ähnlich ist es mit dem Zusammenspiel von Geist, Leib und Seele. Es ist nicht möglich, die drei Bereiche klar zu trennen. Die Wechselwirkungen sind gut erforscht. Aber es zeigt uns auch überdeutlich, dass „Erfindungen", falsche Beurteilungen, Vorurteile und – schlicht gesagt – Lügen unser Leben mehr beeinflussen, als wir wahrhaben möchten.

Als bewusste Christen sind wir verpflichtet, diesen vor- und unbewussten Beeinflussungen mehr und mehr Rechnung zu tragen, damit wir nicht zu falschen und ungerechten Urteilen kommen. Wenn die Bibel an vielen Stellen vom „barmherzigen Gott" redet und uns Menschen empfiehlt, Barmherzigkeit in seinem Namen zu üben, wird deutlich, dass der lebendige Gott in seiner Weisheit diesen hoch komplizierten Menschen durchschaut.

Sind wir Menschen „Marionetten unter der Fuchtel des Gehirns"?

Das behaupten frech einige Forscher, die zu den Deterministen und Hardlinern zählen. Aber so einfach liegen die Dinge bis heute nicht. Denn viele biologische und hirnorganische Befunde lassen noch keine eindeutigen Analysen zu. Der Hirnforscher und Neurowissenschaftler Professor Michael Gazzaniga aus Amerika stellt sich klar gegen eine deterministische Sichtweise. Im Gespräch mit Klaus Wilhelm sagt er:

> „Sie treffen Entscheidungen, Sie und Ihr Gehirn. Mit Ihren bisherigen Erfahrungen, Ihren Gefühlen, Ihren Präferenzen. Da läuft etwas sehr Mechanistisches ab, wie in einer Maschine. Ja, in gewissem Sinne sind wir eine Maschine. Aber, um es gleich zu betonen: Wir sind trotzdem verantwortlich für alles, was wir machen."[7]

Gazzaniga ist überzeugt, dass selbst Menschen mit Defekten, negativen Erfahrungen und Beeinflussungen für ihr Handeln verantwortlich sind. Hier wird die Unvollkommenheit, die Sündhaftigkeit und Mangelhaftigkeit des Menschen erkennbar. Eine vollkommene Gerechtigkeit ist auf dieser Erde unmöglich. Solange wir nicht sicher und präzise nachweisen können, welche Vorerfahrungen mit negativen Folgen Diebe, Verbrecher, Mörder, seelisch

Gestörte und Kranke erlitten haben, die sich straf-
mildernd auswirken könnten, müssen wir unser
bisheriges Rechtssystem anerkennen, auch wenn es
ganz sicher fehlerhaft und oft ungerecht entscheidet.

Aber das Wissen über die Zusammenhänge im
Gehirn und im Leben eines Menschen macht uns
Christen besonnen und barmherzig. Und es warnt
uns, Betroffene vorschnell abzuurteilen. Fehlinformationen und Lügen, die wir fest verinnerlicht haben, gehören zum Leben.

Lebensstil und Lügen

Der Lebensstil hat auch mit unseren Lebenslügen zu
tun. Der Lebensstil beinhaltet
- meine Hauptlebensüberzeugungen,
- meine private Weltanschauung,
- meine subjektive Art zu fühlen,
- meine subjektive Art zu denken,
- meine subjektive Art zu handeln,
- meine subjektive Art zu lieben,
- meine subjektive Art zu kommunizieren,
- meine subjektive Art zu arbeiten und
- meine subjektive Art zu glauben.

Pessimismus, Optimismus, Passivität und Aktivität – alles spiegelt mein Lebensstil wider. Und auch
Lebensirrtümer, irrationale Überzeugungen, Vorurteile, eingebildete Ängste und Lebenslügen aller Art
zeigen sich darin.

Jeder von uns hat einen Lebensstil, der *positive* und konstruktive Lebensstilmuster enthält, der aber auch *negative* und destruktive Überzeugungen verrät.

Der Lebensstil ist die Summe meiner Lebensüberzeugungen, die andere mir angewöhnten, ich vererbt bekommen und die ich mir selbst zugelegt habe. Darum haben auch in jedem Lebensstil bestimmte *Lebenslügen* ihren Platz.

Wie kann sich eine Lebenslüge in frühem Lebensalter entwickeln?

Ein Beratungsbeispiel:
Da ist eine Frau, die schon als Kind gelernt hat: Wenn du alle Menschen fröhlich und mit einem Lächeln anblickst, hast du sie gewonnen. Wenn du sie anstrahlst, wirst du geliebt.

Worin besteht die Lebenslüge? Diese Frau behält das Lächeln ein Leben lang bei. Aber im Innern ist sie oft verbittert, ist sie unglücklich. Sie praktiziert eine Lebenslüge. Sie betrügt sich und andere. Sie hat zwei Gesichter. Fragt man sie: „Wie geht es dir?", strahlt sie über beide Backen und sagt: „Sehr gut!" Sie ist unecht und unehrlich. Sie sagt nicht die Wahrheit.

Die Frage muss erlaubt sein: „Wozu – nicht warum – tut sie das?" Was sind ihre mehr versteckten als offensichtlichen Motive? Wie lauten ihre oft unbewussten Beweggründe?

Sie will geliebt werden,

sie will nirgendwo anecken,

sie will, dass alle Menschen gut von ihr denken.

Und keiner glaubt ihr, dass sie traurig ist. Keiner glaubt ihr, dass sie leidet und im Innern unglücklich ist. Sie strahlt und widerspricht sich selbst. Ihre Lebenslüge verhindert eine tiefe, innige Beziehung. Sie macht sich und anderen etwas vor.

Was können wir als Christen tun, um den Selbstbetrug im Leben zu verringern? Wie können wir Lebenslügen abbauen? Denn nur das, was wir erkannt haben, können wir verändern. Nur, was wir durchschaut haben, können wir abbauen.

Denkanstoß Nr. 1:
Lebenslügen ablegen bedeutet, ehrlich zu werden

Wer sich annimmt, wie er ist, muss keine Fassade aufrechterhalten. Er muss nicht mehr andere und sich selbst belügen. Der Mensch verzichtet darauf, sich und anderen etwas vorzumachen. Er muss sich nicht besser machen als er ist. Dieses oft versteckte und unbewusste Motiv, muss er aber als Erstes bejahen.

Im Grunde wehren wir uns alle, die fehlerhaften, auch sündhaften Motive unseres Handelns ins Licht zu stellen. Schließlich handeln wir ja so,

weil wir an unsere Überzeugungen glauben,
weil wir unsere Absichten für richtig halten oder
weil unsere *unehrlichen und verlogenen* Pläne
uns dienlicher erscheinen.

Das heißt: Wir *benutzen* Lügen, Unehrlichkeit und verlogene Praktiken, um uns zu schützen, um uns Vorteile zu verschaffen, um uns in einem günstigeren Lichte darzustellen. Wir verschaffen uns auch durch eine so genannte „weiße Weste" den Anschein des Gerechten, des Moralisten, des Fehlerlosen.

James Bryan Smith, der amerikanische Pastor einer christlichen Erneuerungsbewegung hat Recht, wenn er schreibt:

„Wir brauchen uns nicht länger selbst zu belügen. Sobald wir mit dem Zöllner sagen: ‚Gott, sei mir Sünder gnädig!' (Lukas 18,13), sind wir vom Zwang zum Selbstbetrug befreit. Wir brauchen kein Make-up mehr aufzulegen, um Gott besser zu gefallen….

In vielen Kirchen haben die Menschen keine Gemeinschaft miteinander, weil sie sich schämen zuzugeben, dass sie krank sind.

Wenn wir zu wirklicher Gemeinschaft kommen wollen, müssen wir als erstes lernen, die Wahrheit über uns selbst zuzugeben."[8]

Pastor Smith trifft den Nagel auf den Kopf:
Wir schämen uns zuzugeben,
  dass wir krank sind;
wir schämen uns zuzugeben,
  dass wir keine „weiße Weste" haben,
wir schämen uns zuzugeben,
  dass „das Biest in uns" größer ist,
  als wir wahrhaben wollen;
wir schämen uns zuzugeben,
  dass unsere Selbstrechtfertigungen und
  Rationalisierungen ein teuflisches Make-up sind.
Vor den anderen, vor den Schwestern und Brüdern
und vor dem lebendigen Gott machen wir uns fle-
ckenloser als wir sind.

Denkanstoß Nr. 2:
Wir entschuldigen unsere Mängel
In der Beratung erlebe ich ein beliebtes Verhaltensmuster bei Kindern und Erwachsenen. Wir nennen
es ein „Fehlziel" oder ein „irriges Ziel". Im Klartext
heißt das: Ich suche eine Entschuldigung. Wofür?
  Für meine Fehler,
  für meine Schwächen,
  für meine Unvollkommenheiten,
  für mein Versagen.

Was tue ich?
  Ich rede mich heraus,
  ich rechtfertige mich,
  ich verschaffe mir eine reine Weste,
  ich schiebe die Schuld auf andere.

Wie lauten solche Sätze?
  - „Wenn meine Eltern mich nicht so verwöhnt
    hätten, wäre ich lebenstüchtiger geworden."
  - „Wenn meine Eltern mir eine bessere Ausbildung
    ermöglicht hätten, wäre ich heute erfolgreicher."
  - „Wenn meine Eltern mich härter angefasst
    hätten, hätte ich die höhere Schule geschafft."
  - „Wenn der Fön nicht gewesen wäre,
    hätte ich die Prüfung spielend bestanden."
  - „Mir hat das Leben übel mitgespielt!"
  - „Die Lehrer mochten mich nicht!"

Kinder wie Erwachsene sind Meister im Erfinden von Ausreden und Ausflüchten. Diese Ursünde begann schon im Paradies mit Adam und Eva.

Es ist schwer, diese Lebenslügen bewusst zu machen. Schauen wir uns das in der Eheberatung an:

Mann und Frau kommen gemeinsam. In der Regel wissen beide vom anderen, was der Partner falsch gemacht hat, wo der Partner den Ehefrieden stört, wo der Partner bzw. die Partnerin die Beziehung untergräbt.

Die Aufgabe der Beratung und der Seelsorge ist es, diese subjektiven Eindrücke, diese Projektionen, diese Schuldzuweisungen an den anderen als Lebenslüge bewusst zu machen. Wie kann das geschehen?

„Erzählen Sie einen Streit, den Sie erlebt haben!"

„Erzählen Sie einen Konflikt in Einzelheiten!"

„Erzählen Sie einen Beziehungsmangel
in Einzelheiten!"

Was passiert? Die Interaktionsmuster kommen zur Sprache. Die Eigenarten beider Partner kommen ans Licht. Die versteckten Absichten und Motive werden angesprochen. Die Praktiken und Einstellungsmuster beider Partner werden formuliert.

Vorsichtig und ohne Angriff kann der Seelsorger diese Interaktionsmuster, diese Zusammenspielmuster hochheben. Es sind die Vorurteile, die Selbstrechtfertigungen und Lebenslügen, die das Miteinander beschweren.

Wenn beide Partner diese bewussten oder unbewussten Strategien erkennen und bejahen, können beide aktiv und im Gebet diese belastenden Verhaltens- und Einstellungsmuster ändern.

Denkanstoß Nr. 3:
Jeder von uns trägt eine Brille

Jeder von uns trägt eine Brille, auch wenn er kein Brillenträger ist. Jeder von uns betrachtet das eigene Leben, das der Anderen und das der Welt durch seine subjektiv gefärbte Brille. Der eine trägt eine *rosa* Brille. Alles ist rosig und problemlos gefärbt. Alles erscheint ihm schön und einleuchtend.

Der andere trägt eine *dunkle* Brille. Er sieht alles negativ, schwarz und pessimistisch. Er hat viele Ängste und Befürchtungen. Hinter jedem Busch lauert für ihn ein Räuber. Er sieht Gespenster und malt den Teufel an die Wand.

Diese Lebensbrillen sind zum Teil anlagebedingt, sind uns durch die Sozialisation aufgesetzt worden, oder wir haben uns durch Erfahrung und Gewöhnung auf diese Brillen eingestellt.

Eine Weisheit, die schon seit Jahrtausenden formuliert und psychologisch in der Gegenwart bestätigt wurde, lautet:

Wir sehen,
was wir *sehen wollen*,
wir hören,
was wir *hören wollen*,
wir nehmen wahr,
was wir *wahrnehmen wollen*.

Ein kleines Beispiel aus meinem eigenen Leben und der Beratungspraxis: In den ersten Jahren meiner Beratungstätigkeit habe ich merkwürdigerweise *nicht gehört*, dass mir viele Menschen Andeutungen über sexuellen Missbrauch gemacht haben. Ich habe das Thema nicht aufgegriffen. Ich habe es einfach nicht geglaubt, ich habe es nicht ernst genommen, ich konnte es mir nicht vorstellen. Ich fand es ungeheuerlich.

Und wieder: Meine Selbstwahrnehmung war gestört. Meine Sicht von Beziehungen ließ diese Ungeheuerlichkeit nicht zu.

Im Psalm 32,2 steht ein überzeugender Gedanke, der in verschiedenen Übersetzungen so lautet: „Wohl den Menschen, denen der Herr die Schuld nicht zurechnet, in dessen Geist keine Selbsttäuschung wohnt."

Andere Übersetzungen formulieren:
in dessen Geist kein Falsch ist,
in dessen Geist kein Trug ist,
in dessen Geist kein Selbstbetrug wohnt.
Der Psalmist besaß eine gute Menschenkenntnis. Er wusste, dass wir Menschen uns etwas vormachen können. Wozu tun wir das? Wir fliehen vor der Wirklichkeit, geben anderen die Schuld, wollen uns nicht entblößen und wollen gut dastehen.

Wenn in Konflikten beide Beteiligten ihre Motive, ihre versteckten und verschleierten Absichten voreinander und vor dem lebendigen Gott erkennen und bekennen und verstanden haben, wozu sie diese Muster benutzen, kann eine neue Gesinnung eingeübt werden.

ER schenkt beiden eine neue Lebenssicht,

ER befreit beide von trennenden Belastungen,

ER befreit beide von störenden Überzeugungen.

Strategie Nr. 8:
Das krank machende Prinzip
„Ganz oder gar nicht"

Unzählige Menschen machen sich das Leben schwer oder ruinieren es mit Einstellungen wie

„Ganz oder gar nicht."

„Alles oder nichts."

„Lieber tot als Sklave."

„Das Kostbarste oder das Billigste."

„Sekt oder Selters."

„Sieg oder Niederlage."

„Erfüllung oder Tod."

Alle Zwischennoten zählen nicht. Alle Durchschnittswerte gelten nicht. Jakobus beschreibt diese Haltung, wenn er formuliert:

„Ihr wollt *alles* haben

und werdet *nichts* bekommen.

Ihr seid alle voller Neid und tödlichem Hass;

doch gewinnen werdet ihr dadurch *nichts.*"

(Jakobus 4,2)

Dieses falsche Streben ist nicht in erster Linie ein Prinzip der heutigen Zeit. Es ist uralt und charakterisiert den Menschen. „Wer alles haben will, wird nichts gewinnen", sagt Jakobus. Es ist ein Prinzip des Perfektionismus. Wer nach Vollkommenheit strebt, wird in der Verzweiflung enden. Die „Gute Nach-

richt" übersetzt: „Das ersehnte Ziel ist zu hoch."
Idealismus ist eine Sackgasse.

Sogar im Fernsehen wurde die Sendung „Alles
oder nichts" zum Renner. Alles gewinnen oder alles
verlieren. In der „Welt am Sonntag" schreibt James
Dyson über die Olympischen Spiele in London:

„Es lebe die Ochsentour. Erfolg wird überschätzt.
Das Wichtigste an den Olympischen Spielen sei
nicht der Sieg, sondern die Teilnahme, so hören
wir immer wieder. Ich bezweifle sehr, dass diese
Ansicht im olympischen Dorf mehrheitsfähig ist.
Sowohl in Großbritannien wie auch in Deutschland wollen die meisten Menschen vor allem Siege. Der Sportler, der die in ihn gesetzten Erwartungen enttäuscht, gilt als Verlierer." [1]

Eine Reihe von Sportlern, die nicht auf dem Treppchen gestanden haben, sind verbittert und resigniert. Einige haben den Sport für immer an den
Nagel gehängt. Immer wieder haben sich Sportler
umgebracht, weil sie dem fatalen Grundsatz gehul-
digt haben: Ganz oder gar nicht.

Der Mensch und sein Gottähnlichkeitsstreben

Schon die ersten Menschen im Paradies waren diesem Prinzip auf den Leim gegangen. Die Schlange,
das Böse, der Teufel, der Durcheinanderbringer hat
die ersten Menschen an einer Stelle gepackt, wo wir
allem Anschein nach zu packen sind:

„Ihr werdet sein wie Gott – allmächtig!" Zu sein wie Gott – dieses Gottähnlichkeits-Streben ist in uns beheimatet. Der Mensch gibt sich mit Halbwissen, mit Halbkönnen, mit unvollkommenen Dingen und Arbeiten nicht ab. Er will das Vollkommene, das Beste, das Höchste, das Unerreichbare.

Schon Horst-Eberhard Richter, einer der bedeutenden deutschen Psychosomatiker hat ein Buch geschrieben mit dem Titel „Der Gotteskomplex"[2]. Richter war kein Christ. Er beschrieb die westliche Zivilisation als „eine psychosoziale Störung". Er analysierte die Flucht aus der mittelalterlichen Ohnmacht in den Anspruch auf egozentrische gottgleiche Allmacht. Mit Galilei, der das Weltbild völlig auf den Kopf stellte, bricht die Renaissance an. Sie bringt den neuen selbstbewussten und von Gott gelösten Menschen hervor. Die völlige Abhängigkeit des mittelalterlichen Menschen von Gott ist vorbei. Der selbstherrliche Mensch tritt ins Blickfeld. Im Vorspann seines Buches heißt es: „Die Überwindung des Gotteskomplexes wird zur Überlebensfrage der Gesellschaft."

Anders ausgedrückt: Die Überwindung des Allmachtstrebens, die Überwindung des Omnipotenzstrebens wird zur Überlebensfrage der Gesellschaft. Richter hält uns einen Spiegel vor, wohin die Selbstüberschätzung des Menschen führt, der sich anmaßt, alles zu können, alles selbst zu machen, alles zu vollbringen. Richter spricht von der „Fortschrittsgigantomanie". Unsere Ansprüche sind nicht zu stoppen. Unsere Ansprüche laufen Amok. Wir verrennen uns in ein Gottähnlichkeits-Streben.

Wie schrieb der französische Denker und Philosoph Blaise Pascal schon vor einigen Jahrhunderten: „Machen wir uns unsere Bedeutung klar; wir sind *etwas* und *nicht alles.*"

Wie kann sich ein Alles-oder-nichts-Syndrom entwickeln?

Welche Lebensgrundauffassungen haben sich im Kind gebildet? Welche unbewussten Ziele und Absichten verfolgt ein Kind? Welche Rolle glaubt ein Mensch im Leben spielen zu müssen?

Eine Antwort gibt der schon genannte Professor Horst-Eberhard Richter in dem erwähnten Buch:

„Das kleine Kind, das sich aus einer unerlässlichen Elternbeziehung in eine narzisstische Allmachtshaltung flüchtet, bewahrt sich fortan in verdrängter Form genau die kleinkindliche Ohnmacht. Innerpsychisch erhält sich die Alternative zwischen wehrloser Schwäche und unendlicher Größe. (...) So haben sich die Menschen entweder weiterhin immer nur *ganz klein* gesehen, was sie zu verdrängen versuchten, oder nur *ganz groß.* Dazwischen konnte sich nicht das Selbstbild entfalten, das für das eigentlich gedeihliche Zusammenleben das einzig Sinnvolle wäre: nämlich das Bild von Menschen *mittlerer Größe*, die sich in einer Gemeinschaft miteinander auf gleicher Stufe befinden. Die Fixierung auf die Alternative Supermensch oder Zwerg kennzeichnet alle bislang vergeblichen Versuche, ein Gesellschaftsbild zu entwerfen."[3]

Richter stellt es klar heraus: Ganz oder gar nicht, Supermensch oder Zwerg, eine Laus oder Napoleon – warum kann der Mensch sich nicht auf eine mittlere Größe einstellen?

Gott liebt uns – wie wir sind, nicht wie wir sein sollten. Menschen, die alle Mittelnoten gelten lassen, die ein „Befriedigend" bejahen können, stärken ihren Selbstwert und sind über längere Zeiträume belastungsfähig. Diese Menschen können viel leichter auf Rivalität, Überlegenheitsstreben, Macht, Ellbogen und damit auf Gewalt, Feindschaft und Krieg verzichten. Sie praktizieren Gemeinschaft, sie leben Nächstenliebe. Die mittlere Größe macht zufrieden, macht gelassen.

Der Mensch der Mitte hat seine Mitte gefunden. Der Mensch der Mitte ist auf Dauer leistungsfähiger als der Übertreiber, der Hektiker oder der Alles-oder-nichts-Denker.

Welche anderen Einstellungsmuster können das Ganz-oder-gar-nicht-Denken beeinflussen?

Welche Zusammenspielmuster von Eltern, Erziehern und Kindern haben diesen Überzeugungen Vorschub geleistet?

Muster Nr. 1:
Ich bin ein ganz besonderes Kind

Dieses Kind entwickelt die Überzeugung: „Ich bin etwas *Ungewöhnliches,* ich bin etwas sehr *Wertvolles,* ich bin anders als die andern."

Ich hatte in der Seelsorge einen Jungen von neun Jahren. Sein Intelligenzquotient war sehr hoch, über 140. Der Junge hatte eine Klasse übersprungen, weil er sich unterfordert fühlte. Allerdings hatte er sehr große zwischenmenschliche Probleme. Er benahm sich außergewöhnlich. Bei Kameraden und Kameradinnen eckte er an. Er kotete ein, wenn er nicht seinen Willen bekam. Er ging über alle Grenzen hinweg. Ab und zu spielte er den Klassenclown. Er schockierte die Lehrer. Sein Lebensstil: Ich bin ein ganz besonderes Kind.

Muster Nr. 2:
Ich bin ein diktatorisches Kind

Dieses Kind spielt auch eine Sonderrolle. Es versteht es, Eltern oder einen Elternteil einzuschüchtern. Nicht wenige Mütter kapitulieren vor diesen

Kindern. Sie haben es mit Liebe und Überredung versucht und sind am Willen des Kindes gescheitert. Solche Mütter spielen auch in der Ehe oft eine untergeordnete Rolle. Sie passen sich an, treffen keine eigenen Entscheidungen und überlassen gerne dem Partner die führende Rolle. Das Kind ahmt den tyrannischen Vater nach oder entdeckt im Verhältnis zur Mutter seine Überlegenheit. Das Kind hat Schwierigkeiten mit Gleichaltrigen. Beim Spiel will es den Ton angeben. Es spielt den Boss. „Alles hört auf mein Kommando oder es läuft nichts."

Muster Nr. 3:
Ich bin ein unzuverlässiges Kind
Dieses Kind wählt einen gegensätzlichen Weg. Es reagiert mit Entmutigung und Resignation. Das Entweder-oder-Schema schimmert hindurch. Wenn das Höchste und Beste nicht auf Anhieb gelingt, schaltet das Kind nicht nur einen Gang zurück, nein, es lässt sich total hängen.
  - Das Kind flüchtet in Hilflosigkeit.
  - Das Kind flüchtet in Unzulänglichkeit.
  - Das Kind demonstriert Unfähigkeit.
Der Lebensstil oder die Lebensgrundüberzeugung dieser Kinder lautet: „Wenn ich das Höchste nicht erreichen kann – und zwar spielend –, dann tue ich gar nichts."

Muster Nr. 4:

Ich bin ein Kind, das die Wünsche und Erwartungen der anderen erfüllen muss

Dieses Kind fühlt sich missbraucht. Es glaubt, im Dienste der Bedürfnisbefriedigung anderer Menschen zu stehen. Es setzt alles daran zu gefallen und anzukommen. Seine Anstrengungen sind enorm. Verständlich, dass es mit Perfektionismus versucht, Anerkennung und Wertschätzung zu erfahren. Vielleicht will es auch das elterliche Prestigedenken erfüllen. Alles dient dazu, andere zufriedenzustellen.

Zusammengefasst: Diese Kinder entwickeln einen übergroßen Wunsch nach Anerkennung. Das Ganz-oder-gar-nicht-Prinzip wird zur Lebensüberzeugung. Sie denken:

„Ich bin der Beste
    oder der Schlechteste."
„Ich bin ein Gewinner
    oder Verlierer."
„Ich bin ganz oben
    oder ganz unten."
„Ich erreiche das Vollkommene
    oder ich kapituliere."
„Ich finde den Traumpartner
    oder ich bleibe ledig."
Das Mittelmaß ist unvorstellbar, der Durchschnitt ist unerträglich.

Das verstiegene Ideal

So nennt der Schweizer Therapeut Binswanger dieses Denken. Diese Menschen haben sich verstiegen. Ihre Ideale sind übersteigert. Die Maßstäbe, die sie anstreben, sind übertrieben. Die Erwartungen sind maßlos. Ein Bergsteiger, der sich verstiegen hat, landet in der Sackgasse. Er muss aus seiner ausweglosen Lage befreit werden. Und die Folgen?

Je höher die gesteckten Ziele,
desto tiefer der Fall.
Je höher die Erwartungen,
desto größer die Enttäuschungen.

Die Frage stellt sich: Ist es ungesund, hohe Ziele zu haben? Nein. Die Gefahren liegen woanders. Wer hohe Ziele anstrebt, muss auch mit Niederlagen leben können. Wer hohe Maßstäbe anlegt, muss auch mit Misserfolgen leben lernen. Wer Ideale anstrebt, muss auch mit Katastrophen rechnen. Wer das nicht will und nicht kann, der landet in der Resignation und in der Verzweiflung. Er spielt mit dem Nichts.

Auch der Franziskaner-Pater Richard Rohr geht hart mit seinem eigenen „Idealismus" ins Gericht, wenn er über einen Charakter der Typenlehre „Enneagramm" schreibt:

„Ich gehe wieder von mir selbst aus. Wir EINSER sind idealistisch und perfektionistisch. Wir wollen die Welt vervollkommnen. Wir ärgern uns

– meist heimlich –, weil die Welt nicht vollkommen ist. Gleichzeitig sind wir Genies der Wahrnehmung: Deutlicher als andere sehen wir, was tatsächlich nicht in Ordnung ist. Es kann aber die Hölle sein, damit zu leben. Wenn wir uns selbst überlassen bleiben, werden wir hyperkritisch. Nörgler, Leute, deren Gegenwart anderen mit der Zeit auf den Geist geht. Denn zu viel des Guten wird automatisch etwas Schlechtes."[4]

Viele hochherzige Idealisten meinen es gut, machen es aber nicht gut. Ihre überhöhten Prinzipien machen ihnen zu schaffen. Sie spüren den Kampf zwischen Gut und Böse, zwischen Fleisch und Geist, zwischen Ideal und Realität. Der Konflikt zwischen der Vollkommenheit ihres Ideals und ihrer eigenen Unvollkommenheit macht sie unglücklich und unzufrieden. Nicht wenige scheitern.

Menschen mit verstiegenen Idealen können sich Sünden, die sie begangen haben, nicht verzeihen. Sie erwarten, dass Gott Sünde vergibt, weil er der barmherzige und gnädige Gott ist. Selbst behandeln sie sich aber ungnädig. Im Grunde wollen sie Gott rechts und links überholen. Menschen mit einem verstiegenen Ideal leiden an einer grandiosen Überheblichkeit.

Ein junger Mann in der Seelsorge hat das „verstiegene Ideal", von einer jungen Frau, die er über alles liebt, felsenfest zu wissen: „Diese junge Dame muss meine Frau werden. Diese oder keine." Er sagt zu ihr als gläubiger Christ: „Der Heilige Geist hat mir offenbart: Du wirst meine Frau."

Von dieser Idee und diesem Ideal ist er nicht abzubringen. Je fanatischer er diese Gewissheit ausspricht, desto zweifelnder wird die junge Dame. Sie fühlt sich von dem jungen Mann erdrückt und erpresst. In der Beratung macht sie deutlich: „Mir hat der Heilige Geist nichts gesagt. Ich kann nicht und ich will nicht. Aus irgendeinem nicht klaren Grund habe ich Angst vor diesem Mann."

Was geschieht? Der junge Mann hängt deprimiert, arbeitsunfähig und verzweifelt zu Hause herum. Der Vater bekommt einen tödlichen Herzinfarkt. Die Mutter des jungen Mannes fühlt sich aus der Bahn geworfen und ruft ihrem Sohn in der Hoffnungslosigkeit zu: „Du hast deinen Vater umgebracht!" Der Sohn landet für ein Jahr in der Psychiatrie.

Ende des Unglücksstrebens: Ganz oder gar nicht, Alles oder nichts! Ich kriege die Frau, oder ich bringe mich um. Sie wird meine Frau, oder ich will nicht mehr leben. – Ein verstiegenes Ideal.

Im Zusammenhang mit Hochleistungssport habe ich einen klugen Satz gelesen, der die Alles-oder-nichts-Einstellung widerspiegelt. „Der Trainer hat alles getan, er hat alles trainiert, nur nicht die Niederlage."

Wie viele sehen nur das Treppchen, auf dem sie ihren Triumph genießen wollen, aber nicht die Tränen, die sie weinen werden, wenn der Erfolg ausbleibt. Wer nicht verlieren kann, muss leiden. Wer Niederlagen nicht einstecken kann, kann sich in die Verzweiflung stürzen. Wer alles will und scheitert, steht plötzlich vor dem Nichts.

Das Überforderungssymptom

Wolfgang Schmidbauer hat sich als Psychoanalytiker mit der Destruktivität von Idealen beschäftigt und schreibt über das Ganz-oder-gar-nicht-Denken:

> „Wer mit dieser Einstellung ‚Alles oder nichts‘ lebt, wird immer wieder in Situationen kommen, in denen die eigenen Ziele unerreichbar scheinen. Aus dem Gefühl, das Entscheidende versäumt zu haben, entsteht eine lähmende Leere, die keine neuen Wünsche zulässt. Nur vernichtet der Überanspruch, das Perfektionsideal – etwa eines vollkommenen Partners – die Chancen, ein erfülltes und glückliches Leben zu führen."[5]

Dem Überforderungssymptom liegt ein *Überanspruch* zugrunde. Jemand will den vollkommenen Partner, den idealen Beruf, den optimalen Staat, den bestmöglichen Lehrer usw.

Das zerstörende Ideal zwingt den Menschen, angstvoll und erwartungsvoll in die Zukunft zu schauen oder deprimiert in die Vergangenheit. Die Gegenwart taugt nichts.

Das Schmerzliche dieses Überforderungssymptoms ist, dass der Betreffende den Boden unter den Füßen verloren hat. Er schaut – wie Hans-guck-in-die-Luft – zu den unerreichbaren Sternen und landet in der Tiefe. Eine lähmende Leere packt ihn. Und diese Leere kann schnell zum Suizid führen, weil das Ideal nicht erreicht wird.

Das Streben zum Höchsten ist immer mit dem jähen Fall in die Tiefe verbunden. Das Alles-oder-nichts-Prinzip ist eine neurotische Überzeugung. Es ist eine krank machende Überforderung. Warum haben viele Menschen mit schweren Depressionen zu tun? Es sind in der Regel hoch ehrgeizige Menschen, die Enttäuschungen nicht verkraften.

Alles-oder-nichts-Menschen geraten schnell, ohne dass sie es wollen, in Sackgassen. Je höher die Ideale, desto tiefer die Enttäuschungen. Wolfgang Schmidbauer schreibt:

> „Tatsächlich beruhen die meisten Selbstmorde auf einem (real oder phantasierten) Verlust bisher für fest gehaltener Ideale oder idealisierter Bezugspersonen. Andererseits ist für den Menschen, der nicht Selbstmord oder einen Zusammenbruch

seines Ichs in Irrsinn und Wahn zum Opfer fallen wird, Ablösung und Trennung von Idealen notwendig. Das Kind sieht, dass eine idealisierte Erwartung nicht eintreffen wird, bricht in Wut, in Tränen aus und wendet sich dann nach einer kürzeren oder längeren Erholungsphase neuen Handlungsentwürfen zu."[6]

Mit anderen Worten: Ein Kind *lernt* normalerweise, mit „idealisierten Erwartungen" umzugehen. Das kostbare Fahrrad, das es sich zu Weihnachten gewünscht hat, oder die Note Eins in einem bestimmten Fach, sind nicht eingetroffen. Je nach Enttäuschung wird der Schmerz hinausgeschrien oder die Wut den Füßen überlassen. Es gehen ein paar Dinge kaputt. Die Eltern werden mit Lieblosigkeiten bestraft, aber dann ist die Welt weitgehend wieder in Ordnung.

Einige lassen sich mit Sprüchen trösten wie „Es hat doch keinen Sinn, über verschüttete Milch zu weinen." Schmidbauer weist darauf hin, dass das Wort „Milch" auf die Muttermilch hinweist. Der Verlust der Brust, die ideale Befriedigung durch die Mutter, wird deutlich. Noch einmal wörtlich:

„Für den Säugling ist das ‚Alles-oder-nichts-Prinzip', das wir als den destruktiven Teil der Idealisierungsvorgänge beim Menschen beschrieben haben, ein Stück Lebenswirklichkeit. Für ihn gibt es nur die Brust. Findet er sie, dann findet er alles, was er braucht, und fühlt sich als allmächtiger Herrscher der Wirklichkeit, weil er ja der eine vollkommene und umfassende Befriedigung gewinnende Teil der Mutter ist. Findet er sie nicht, dann hat er nichts, woran er sich in seiner hilflosen Wut halten kann."[7]

Kinder und spätere Erwachsene, die es nicht gelernt haben, mit „idealisierten Erwartungen" umzugehen, fliehen in die Resignation. Sie stürzen sich in die Enttäuschung. Sie haben den Appetit am Leben verloren, sie wollen sterben.

Entweder schwarz oder weiß

Der Psychiater Werner Huth hat ein grundlegendes Werk über „Glaube, Ideologie und Wahn" geschrieben. In dem Buch findet sich der Satz: „Die meisten Gräueltaten der Menschheitsgeschichte wurden ‚reinen Herzens' begangen. Das heißt doch wohl, dass Ideologie von ihren Anhängern meistens ohne Gefühl und Zynismus durchgezogen wird."[8]

Wer Gefühle ausblendet, kann kompromisslos denken und handeln. Der normale Mensch weiß um Schwarz und Weiß, um Licht und Dunkel und um Höhen und Tiefen. Er versucht, sich mit den Schattenseiten zu arrangieren. Aber eine Persönlichkeit, die ideologisch gesteuert wird, wird mit Extremen nicht fertig. Alle Mitteltöne existieren nicht, alle Zwischentöne werden ausgeblendet. Das Gute verwirklicht sich in der eigenen Ideologie, das Böse steht in der Welt draußen.

Mir scheint, Ideologien sind austauschbar. Aus manchem Kommunisten ist 1933 ein Nazi geworden. Und nicht wenige Nazis leisteten in der ehemaligen DDR nach 1949 treue Dienste. Auch viele Revolutionäre der Bewegung 1968 haben sich später in die braun-nationale Ecke bewegt.

Der Ideologe hat sich dem Alles-oder-nichts-Prinzip verschrieben. Er strebt nach dem Totalen, nach dem Absoluten, nach dem Nonplusultra. Er kennt nur ein Dafür oder ein Dagegen. Alle Zwischentöne werden eliminiert.

Auch Opfer, die auf dem Wege zum Absoluten gebracht werden müssen, zählen nicht. Das *Menschliche* bleibt außen vor. Das *Gewissen* wird ausgeblendet. Die *Kritik* wird still gemacht.

Nach Werner Huth sind Ideologen Autisten, die sich um sich selbst drehen und nicht liebesfähig sind. Ihre Prinzipien sind höher als alles Menschliche. Ihre Gefühlskälte erschlägt alle sozialen Regungen.

Wie entwickeln sich solche Alles-oder-nichts-Menschen? Sie müssen in der Kindheit eine widersprüchliche Erziehung erfahren haben. Ihre Bezugspersonen müssen ihnen widersprüchliche Botschaften signalisiert haben. Sie haben Zuwendung und Hass, Liebe und Gewalt, Fürsorge und Ablehnung erfahren – und konnten die Widersprüche nicht in sich vereinigen.

Petrus und das Alles-oder-nichts-Prinzip

Der amerikanische Seelsorger David Seamands spricht von Petrus als einem Menschen, der diese Wesensart spiegelt. Auf dem Wege der Verklärung hat er Angst, aber er findet es aufregend. Er will Hütten bauen und für immer dort bleiben. Was er denkt und will, sprengt alle Maßstäbe. Alles oder nichts.

Beim Abendmahl sagt er zu Jesus: „Herr, du sollst nicht meine Füße waschen. Ich kann es nicht zulassen, dass du so etwas tust." Als er von Jesus getadelt wird, will er, dass nicht nur seine Füße gewaschen werden, sondern der ganze Mensch.

In den letzten Stunden, die Jesus vor seinem Tode mit den Jüngern verbringt, sagt er: „Ich weiß genau, dass einer von euch mich verraten wird." Die Jünger sind sehr bestürzt, und einer nach dem anderen fragt ihn: „Du meinst doch nicht mich, Herr?" Auf dem Weg zum Ölberg sagt Jesus zu seinen Jüngern: „Heute Nacht werdet ihr alle an mir irre werden." Petrus widerspricht ihm, heißt es bei Matthäus (26,33). „Selbst wenn alle anderen an dir irre werden – ich bestimmt nicht!" Jesus macht den Jünger mit seiner idealistischen Gesinnung darauf aufmerksam, dass er sich ja nicht täuschen soll, denn ehe der Hahn in der folgenden Nacht dreimal gekräht haben werde, werde ausgerechnet Petrus ihn dreimal verraten haben. Und Petrus sagt (Matthäus 26,35): „Das werde ich niemals tun, und wenn ich mit dir zusammen sterben müsste."

Jeder kennt die peinliche Fortsetzung. Als Jesus im Garten Gethsemane gefangengenommen und Petrus in der Nähe von einer Frau gesehen wird, bestreitet er rundheraus, diesen Mann überhaupt zu kennen.

Petrus glaubt an seinen Idealismus. Er will ehrlich das Höchste und Beste. Er will eine radikale Nachfolge, ohne die geringste Einschränkung. An dem Idealisten Petrus macht der Herr deutlich:

Wir sollen uns nicht *überschätzen.*

Wir sollen Fehler und *Schwächen bejahen.*

Niemand kann die Hand für sich *ins Feuer legen.*

Niemand ist vollkommen, *nur Jesus selbst.*

David Seamands charakterisiert diese Übermenschen so:

„Viele Menschen sind schon zu uns in die Seelsorge gekommen, die Schwierigkeiten mit diesem Problem hatten, und es stellte sich heraus, dass die meisten von ihnen eine ‚Alles-oder-nichts-Weltanschauung' hatten. Ihre Welt hat nur zwei Farben – blütenweiß oder pechschwarz. Wenn sie keine Höchstleistungen erzielen, sind sie völlige Nieten. Das führt sie zu Stimmungshochs und Stimmungstiefs. Sie beschreiben sich selbst als ‚geistliche Jo-Jos‘.“[9]

Trotz allem wurde Petrus niemals von Jesus aufgegeben. Und Petrus selbst, der sicher sein Alles-oder-nichts-Syndrom kannte, hat darüber viele Tränen vergossen, aber er hat sich nicht wie Judas aus Verzweiflung umgebracht.

Radikale Jesus-Nachfolge ist gut. Sie darf aber nicht darüber hinwegtäuschen, dass Christen Sünder bleiben, unvollkommene Menschen, die nur durch Christus selbst ein vollkommenes und damit ungeteiltes Leben aus ihm heraus führen können. Oder wie der englische Theologe Oswald Chambers sagte: „Unsere Vollkommenheit meint, dass wir uns vollkommen auf Jesus verlassen.“ Das ist realistisch und nicht idealistisch.

Wie kommen Menschen aus dem Ganz-oder-garnicht-Labyrinth und dem Alles-oder-nichts-Denken heraus? Welche Hilfen sind denkbar? Welche Schritte sind erforderlich, um das oft selbstzerstörerische Verhalten aufzugeben?

Hilfe Nr. 1:
Einsicht ist der erste Schritt zur Veränderung
Ohne Einsicht ändert sich in einem Denk- und Verhaltensmuster nichts. Ohne Einsicht fällt der Mensch in Liebe, Beruf und in seinem Glauben immer wieder auf diese Lebensüberzeugung herein. Ich ändere nur etwas, wenn ich die Einsicht gewinne:

Mein Denken ist falsch,
mein Verhalten ist falsch,
mein Leben läuft falsch.

Fortwährend lande ich in Resignation, in Sackgassen, in Verzweiflung und in völliger Apathie. Einsicht ist mehr als ein theoretisches Für-wahr-Halten. Einsicht ist mehr als eine wohlwollende Übereinstimmung. Sie kennen die fragwürdigen Sätze:

„Im Prinzip ist da etwas dran."
„Man kann sich dieser Logik
nicht ganz verschließen."
„Eigentlich sollte ich diese
Einstellungsmuster aufgeben."

Boshaft könnte man sagen: 25 % Einsicht, 75 % Widerstand. Auf allen Gebieten lieb gewordene Überzeugungen aufzugeben, fällt sehr schwer. Der Mensch ist ein Gewohnheitstier. Er kennt seine Stimmungsschwankungen, seine Hochs und Tiefs.

Die Umgestaltung kostet eine völlig neue Weltsicht. Und die ist ihm zu anstrengend. Wohl den Menschen, die einsehen, dass ihr bisheriges Denken und Leben falsch programmiert ist, und die mit der Einsicht alternative Lebensschritte vollziehen.

Hilfe Nr. 2:
Reif werden heißt,
kindliche Verhaltensweisen abzulegen
Das Alles-oder-nichts-Denken ist tief in vielen Menschen verwurzelt. Es lässt sich nicht wie ein schmutziges Kleidungsstück mit einer Handbewegung abstreifen. Eine andere Denk-Gewohnheit muss systematisch eingeübt werden. David Seamands beschreibt das so:

> „Ich habe früher gemeint, dass der Mensch, wenn er erwachsen wird, seine kindlichen Verhaltensweisen allmählich ablegt und sich ein Verhalten als Erwachsener bildet. Doch ich habe herausgefunden, dass das nicht stimmt. (...) Das Neue Testament sagt uns, wir sollen kindische Verhaltensweisen, *katargein*, die uns davon abhalten, reif zu werden, ablegen. Das griechische Wort bedeutet: weglegen, wirkungslos, untätig, kraftlos werden lassen, etwas entfernen; einen Menschen von etwas frei werden lassen, das ihn gebunden hält." [10]

Alles-oder-nichts-Einstellungen sind kindisch. Sie klingen überzeugend. Aber sie sind gefährlich. Sie richten mehr Schaden als Nutzen an. Dem Teufel sind sie willkommene Verhaltensmuster. Er redet sie den Menschen ein. Und doch ist hier der „fromme Teufel" am Werk. Idealistische Absichten in Schwarz-Weiß-Manier lassen den Menschen scheitern. Christen müssen *katargein* einüben. Überansprüche sind kindische Verhaltensweisen. Das Alles-oder-nichts-Denken beschert dem Menschen mehr Tränen als Freude.

Hilfe Nr. 3:
Wir korrigieren unsere überhöhten Ansprüche

Unser Lebensstil beinhaltet unsere Grundüberzeugungen. Er umfasst unsere Denk-, Gefühls- und Verhaltensmuster. Er verkörpert unsere Glaubens- und unsere Weltanschauung. Auch unsere überhöhten Lebensansprüche gehören zu unserem Lebensstil. Das Alles-oder-nichts-Denken zeigt ja,

dass nur das *Einmalige*
in meinen Augen gilt,
dass nur das *Überragende*
in meinen Augen Platz hat,
dass nur das *Allerbeste* wert ist,
angestrebt zu werden.

Auch im christlichen Glauben wird der Überanspruch deutlich. Jede Unvollkommenheit und

Schwäche muss mit äußerster Disziplin ausgerottet werden. Nachfolge wird zur Selbstkasteiung.

Es ist hilfreich, die Überansprüche konkret auf einem Blatt Papier zu benennen. Gute Vorsätze helfen nicht weiter. Sie sind bestenfalls Pflastersteine auf dem Weg zur Hölle. Sie können alle Lebensbereiche nennen, wo das Schwarz-Weiß-Denken zum Vorschein kommen kann:

im Beruf,

im Zwischenmenschlichen,

im Haushalt,

in der Freizeit (wenn welche bleibt),

im christlichen Glauben.

Welche Erwartungen wollen Sie verringern? Welche Ehrgeiz-Ziele wollen Sie kappen? Welche Ideale wollen Sie korrigieren? Dem Mutigen lässt es Gott gelingen.

Hilfe Nr. 4:
So, wie du bist, bist du gut genug

Das ist ein geistlicher Kernsatz. In ihm stecken Hilfe und Heilung. Er beinhaltet auch eine menschliche Lebensweisheit. Ich habe ihn vor mehr als dreißig Jahren zum ersten Mal von meinem psychologischen Lehrer Professor Rudolf Dreikurs gehört. Der Satz verleitet zum Missverständnis und heißt nicht „Der Mensch ist gut" – das wäre eine Irrlehre, sondern er heißt:

„So, wie du bist, bist du gut genug."
Gott allein ist gut.
Aber: Wer sich auf Christus verlässt,
   der ist gut genug,
   der reicht aus,
   der genügt ihm.

Dieser Satz ist der Schlüssel für eine Lebensstil-Korrektur. Er ist der Schlüssel für eine Gesinnungsänderung. Er ist der Schlüssel zur Korrektur einer Entweder-oder-Haltung und eines Alles-oder-nichts-Denkens.

Wer Christus gehört, muss nicht mehr alles aufbieten, um in dieser Welt zu gelten. Er darf sich annehmen, wie er ist. Er darf Ja zu sich sagen. Ohne Einschränkung kann er sich akzeptieren.

Ich möchte dieses Kapitel abschließen mit einem Beispiel, das wir aus den Medien kennen, ein zutiefst trauriges Ereignis. 2009 hat sich der Torwart von Hannover 96, Robert Enke, umgebracht. Er war depressiv und litt offensichtlich unter dem in diesem Kapitel behandelten Problem. Er litt augenscheinlich unter dem Überanspruch des Alles-oder-nichts-Denkens: „Entweder werde ich Nationaltorwart, oder ich bringe mich um. Ich gebe mich mit einem Durchschnitts-Torwart-Dasein nicht zufrieden."

Das ist ein menschliches Grundübel, das uns zerstört:

Ich stehe an der *Spitze,*

> oder das Leben lohnt sich nicht.

Ich will *alles,*

> oder ich verliere jegliches Interesse.

Ich will bewundert werden,

> oder mein Leben ist sinnlos.

Jakobus hat in seinem Brief dieses krankhafte Denken auf den Punkt gebracht: „Ihr wollt *alles* haben und werdet *nichts* bekommen. Ihr seid voller Neid und tödlichem Hass; doch gewinnen werdet ihr dadurch *nichts.*" (Jakobus 4,2)

Das sind die Folgen, wenn ein Mensch die Ganz-oder-gar-nicht-Ideologie vertritt. Doch so, wie wir sind, genügen wir unserem Herrn. So, wie wir sind, werden wir von ihm geliebt. Dieser Glaube stärkt unseren Selbstwert, stabilisiert unsere Seele und macht uns zufrieden und gelassen.

Strategie Nr. 9:
„Meine Kraft ist in den Schwachen mächtig"

Dieses Wort, das für 2012 auch zur Jahreslosung erkoren wurde, passt in unsere Zeit. Es stammt von Paulus. Und er spiegelt uns nicht nur mit diesem Ausspruch, sondern

mit seinem *Leben,*

mit seinem *Denken* und

mit seiner *Arbeit* wider,

was uns heute eine große Glaubenshilfe und Seelenstärke sein kann. Wir schauen nicht in erster Linie auf unsere Kraft, auf unser Können, auf unsere Möglichkeiten, sondern auf Christus.

Welche Probleme rauben uns die Kraft?

Angst, Depression und Burnout sind drei Hauptstörfelder, die unsere heutige Zeit kennzeichnen. Alle drei Störungen rauben Kraft, rauben Mut und Energie.

Unzählige fühlen sich

*über*fordert,

*über*beansprucht,

*über*lastet,

*über*dreht.

Das kleine Wörtchen *über* kennzeichnet das Problem. Die Ansprüche von innen und außen sind *über*trieben. Immer mehr Menschen kommen an ihre Grenzen. Immer mehr Menschen werden überstrapaziert. Rund neun Millionen Menschen leiden am Burnout-Syndrom, schätzen Experten der Krankenkassen. Die Symptome sind: Chronische Erschöpfung, Leere, Depressionen, Schlafprobleme, psychische Störungen, verminderte Leistungsfähigkeit, Zeitdruck und negativer Stress. Weil das Burnout nicht als Krankheit gilt, heißt es „Vegetatives Erschöpfungssyndrom, Probleme und Schwierigkeiten bei der Lebensbewältigung."

Ein neues Buch im adeo-Verlag bringt es auf den Punkt: „Nach *burn* kommt *out*"[1].

Burn heißt brennen. Viele feine Christen brennen für Jesus. Wunderbar! Aber,
 - *wenn* sie zu wenig Anerkennung bekommen,
 - *wenn* sie zu hohe Ansprüche an sich haben,
 - *wenn* sie den Ansprüchen der anderen genügen wollen,
 - *wenn* sie sich zu perfektionistisch verhalten,
um nur einige Motive zu nennen,
 - dann brechen sie zusammen,
 - dann setzen die Erschöpfungssyndrome ein,
 - dann fordert die Selbstüberforderung ihren Tribut.

Als Christen müssen wir uns bewusst machen:
 Es ist *nicht* in erster Linie
 ein Problem unserer Gesellschaft,
 es ist *unser* Problem,
 denn wir sind die Gesellschaft,
 es ist *unsere* Eitelkeit,
 es ist *unser* Stolz, der uns krank macht.

Was verleiht uns Kraft?

Kennen Sie Asterix, den beliebten Comic-Helden? Der schlitzohrige und gewitzte Gallier kämpft gegen die Übermacht der Römer an. Mit List und einem von Miraculix gebrauten Wundermittel bringt er der unerwünschten Besatzungsmacht eine um die andere Niederlage bei. Wer wünscht sich nicht einen solchen Wundertrunk, der übermenschliche Stärke verleiht?

Professor Jürgen von Hagen hat Asterix einmal als Bild für unsere eigenen Kämpfe zitiert.[2] Auch wir müssen in unserem Leben mit „Besatzungsmächten" ringen, die uns bedrängen und belasten. Es sind keine Römer mit Schwertern und Rüstungen, es sind Mächte und Kräfte,
 die uns kaputt machen,
 die uns seelisch auffressen,
 die uns lähmen,
 die uns zermürben und müde machen,
 die uns schwach und kraftlos machen.

Von Überforderung im Beruf und vom negativen Stress war schon die Rede. Andere „Besatzungsmächte" sind u.a.:

- Angst und Misstrauen,
  z.B. Angst um den Arbeitsplatz oder
  Misstrauen in der Ehe,
- Sorgen und Befürchtungen,
  z.B. Sorgen um die Gesundheit
  und die Finanzen,
- mangelnde Zeit für Entspannung,
- mangelnde Zeit für Freunde,
- mangelnde Zeit für Stille,
  für Gespräche mit Gott,
  für geistliche Erholung,
  für Glaubensstärkung.

Wir brauchen etwas, das uns stark macht. Wo ist der Wundertrunk, der Schwächen ausgleicht, der die Resignation überwindet, und der die Hoffnungslosigkeit bezwingt?

Als ich Anfang der 1950er Jahre meine Ausbildung zum CVJM-Sekretär in Kassel begann, veröffentlichte der damalige „Reichswart" des CVJM, Dr. Erich Stange, Teile des Neuen Testamentes im Zeitschriftenstil. Eine revolutionäre Tat! Die Zeitung hieß „Eine Handvoll Dynamit".

Nun denken wir noch einmal an unseren Bibeltext: „Meine Kraft ist in den Schwachen mächtig." Das griechische Wort für „Kraft" heißt *dynamis*. Der Sprengstoff Dynamit wurde danach benannt. Die Kraft Gottes ist Dynamit. Wer das Matthäusevangelium oder das Evangelium des Lukas in Händen hält, besitzt Dynamit. Er verfügt über eine Handvoll Kraft, Lebenskraft, Gotteskraft.

Paulus steht zu seinen Schwächen

Das Bibelwort stammt von Paulus, der im zwölften Kapitel des zweiten Korinther-Briefes diesen Vers schreibt. Der gesamte Zusammenhang macht deutlich: Paulus spricht in diesem Kapitel etwas Merkwürdiges an. Auf der einen Seite prahlt er damit, was er alles erlebt und gesehen hat. Auf der anderen Seite offenbart er seine Schwäche. Er spricht von einem „Pfahl im Fleisch", von einem Engel Satans, der ihn quälen darf. Wir gehen davon aus, dass die Rede von einer Krankheit ist, die ihn schwach sein lässt. Dreimal hat er gebetet, Gott möge ihn davon befreien. Gott hat es nicht getan. Aber er gibt ihm das Wort: „Du brauchst nicht mehr als meine Gnade. Je schwächer du bist, desto stärker erweist sich an dir meine Macht." (2. Korinther 12,9)

Paulus spiegelt in diesem Wort und in seinem Leben unsere Zeit wider. Er spürt die Schwäche in sich, eingebildet und überheblich zu sein, macht uns aber

wie kein Zweiter darauf aufmerksam, dass Eigen-
mächtigkeit, Ehrgeiz, Selbstlob und Anerkennungsstreben ungeistliche Probleme sind.

Gott hat ihn durch Krankheit schwach gemacht.
In den Kapiteln 2. Korinther 11 und 12 reagiert
er verärgert und lässt sich zur Prahlerei und zum
Selbstlob verleiten.

Darum sagt er:

„... aber damit ich mir nichts *einbilde*",

„... damit ich nicht *überheblich* werde",

„... Ihr zwingt mich dazu,

dass ich mein *Selbstlob* noch weiter treibe",

„Erlaubt mir trotzdem, dass ich einmal so tue,

als wäre ich *nicht ganz bei Verstand*",

„Ich rede jetzt wirklich wie ein *Verrückter*.

Womit andere prahlen,

damit kann ich auch prahlen."

Ich finde es ehrlich und geistlich richtig, dass der
große Paulus seine Schwachstellen bloßlegen kann.
Ich finde es „krass", so würden es Jugendliche heute
formulieren, versteckte Motive und egoistische Beweggründe offen zu legen.

Was sind die Schwächen bei uns Christen?

Schon auf den ersten Blättern der Bibel zeigt der Mensch sein wahres Gesicht:

Kain wird durch Eifersucht zum Brudermörder. Eifersucht ist ein Krebsgeschwür im zwischenmenschlichen Zusammenleben.

Dann der Turmbau zu Babel. Es ist die Geschichte der Selbstüberschätzung des Menschen.

Er will in schwindelnde Höhen aufsteigen.

Er will eine Turmspitze errichten,
die bis in den Himmel reicht.

Er will sein wie Gott.

Er will allwissend und vollkommen sein.

Er will alles können, alles machen,
alles heilen, alle Probleme lösen.

Immer wieder geht es um unsere Fähigkeiten, um unser Können, um unseren Egoismus, um unseren Ehrgeiz. Selbst wir Christen reden immer wieder von Ehrgeiz, vom Konkurrenzkampf und von Höchstleistungen, die bisher kein anderer vollbracht hat.

In der Welt leben wir als Christen, sollen aber nicht *von* der Welt sein. Und doch geraten wir immer stärker in den Sog, mithalten, mitgestalten und mitkonkurrieren zu wollen. Wir schwimmen selten gegen den Strom. Wir schwimmen mit.

Viele körperliche und seelische Störungen, viele psychosomatische Einschränkungen und Krankheiten sind selbst verschuldet, sind Fehlhaltungen, sind Zielverfehlungen, weil wir Christen *unsere* Stärken in den Mittelpunkt rücken, weil wir unsere Fähigkeiten überbewerten.

Wir glauben ernsthaft, wir täten das alles für den Herrn. Es sind Lügen, an die wir glauben. Es sind ungeistliche Selbsteinreden. Wir machen uns selbst etwas vor.

Wir spüren die Folgen, weil wir
unsere Anerkennungssucht,
unser Überlegenheitsstreben,
unsere Selbstüberheblichkeit,
unsere Bestätigungssucht,
unsre Geltungssucht
nicht unserem Herrn ausgeliefert haben.

Ich bin dem großen Theologen Paulus dankbar, dass er seine Schwächen sieht, dass er ehrlich vor sich selbst bleibt und ehrlich vor dem lebendigen Gott diese menschlichen Bestrebungen ins Licht hebt.

Wir wollen vollkommen sein

Das Ringen um Vollkommenheit ist auch in unseren christlichen Kreisen zu Hause. Wir berufen uns auf Gottes Wort. Hat Jesus nicht selbst die Vollkommenheit angemahnt? „Nein, ihr sollt vollkommen sein, weil euer Vater im Himmel vollkommen ist." (Matthäus 5,48)

In der muslimischen Welt ist ganz klar, dass nur einer vollkommen ist, nämlich Allah. Wenn Sie einen handgewebten orientalischen Teppich kaufen, sitzt irgendwo ein kleiner Fehler. Der Teppich darf nicht vollkommen sein. Nur einer ist vollkommen, Allah.

Karl Rahner, ein katholischer Theologe interpretierte den Bibeltext einmal so: „Seid vollkommen, wie euer Vater im Himmel. Gemeint ist: ‚Seid ungeteilt! Ihr könnt nicht Gott dienen und dem Mammon.'"

Ungeteilt leben, das ist Vollkommenheit.
Nicht Gott lieben
    und gleichzeitig mit dem Fußball verheiratet sein,
nicht Gott lieben
    und gleichzeitig unsere Pläne
    und unsere Wünsche durchsetzen wollen,
nicht Gott lieben
    und unseren Ehrgeiz in erster Linie
    befriedigen wollen.
Doch selbst diese ungeteilte Liebe gelingt uns nicht. Wir brauchen seine Kraft, die in uns Schwachen mächtig ist. „Gott nötig haben ist des Menschen höchste Vollkommenheit", schrieb der dänische Theologe und Philosoph Sören Kierkegaard.

Der amerikanische Seelsorger David Seamands geht in einem seiner Bücher sehr deutlich gegen das falsche Vollkommenheitsstreben an, wenn er Folgendes schreibt:

> „Das Vollkommenheitsstreben ist eine Nachäffung der Glaubensvollkommenheit. Anstatt uns zu Heiligen Menschen und ausgeglichenen Persönlichkeiten zu machen – das heißt, zu ganzen Menschen in Christus – macht das Vollkommenheitsstreben uns zu geistigen Pharisäern und Neurotikern (…) Das Vollkommenheitsstreben ist das beunruhigendste seelische Problem unter gläubigen Christen.“ [3]

Dieser übertriebene falsche Anspruch an uns selbst macht uns zu

Neurotikern,

seelisch Gestörten,

Getriebenen,

Überforderten, die sich selbst überfordern.

Die Bekenntnisbewegung hat in einem Rundbrief das Thema „Christliche Vollkommenheit" behandelt und zitierte einen Auszug eines Gesprächs zwischen John Wesley und Nikolaus Ludwig Graf von Zinzendorf vom 3. September 1741:

> „Z.: Du sagst, wahre Christen seien keine armen Sünder. Das ist völlig falsch. Die besten Menschen sind bis zum Tode ganz elende Sünder. Wenn sie etwas anderes sagen, sind sie durch und durch Betrüger oder teuflisch verführte.

Unsere Brüder, die Besseres lehren, hast du be-
kämpft.

W.: Ich bin in Sorge, dass sie Falsches lehren über
das Ziel unseres Glaubens in diesem Leben,
also über die christliche Vollkommenheit.

Z.: Ich erkenne keine innewohnende Vollkommenheit in diesem Leben an. Das ist der Irrtum
aller Irrtümer. Allein Christus ist unsere Vollkommenheit. Wer eine innewohnende Vollkommenheit lehrt, leugnet Christus.

W.: Ich glaube, dass Christi Geist im rechten Christen die Vollkommenheit schafft.

Z.: Keineswegs. Unsere ganze Vollkommenheit
liegt in Christus. Alle Vollkommenheit besteht
im Vertrauen auf das Blut Christi. Die ganze
christliche Vollkommenheit ist zugerechnet,
nicht innewohnend. Wir sind vollkommen in
Christus, in uns selbst niemals …"[4]

Ich kann mich nur den Argumenten Zinzendorfs
anschließen. Nur in Christus erlangen wir die Vollkommenheit. Solange wir in eigener Kraft, auch mit
seiner Hilfe, die Vollkommenheit verwirklichen
wollen, werden wir scheitern. Wir sind und bleiben
Sünder. In allem, was wir tun und lassen, schim-
mern Egoismus, Ehrgeiz, Anerkennungsstreben,
Bestätigungssucht und Stolz hindurch.

Was die Seele wirklich stark macht
Ein Schlusswort

In unserer Welt wird Kraft groß geschrieben. Überall lesen wir von Kraft-Sport, Kraft-Futter, Kraft-Spritzen, Kraft-Pillen, Kraft-Reserven, Kraft-Anlagen.

Und wie gehen wir damit um? In der Fernsehsendung „Hart aber fair" ging es Mitte März 2012 um das Thema „Kraftreserven und Kraftressourcen" in der Welt. Es ging um Benzinpreise, um Kraftstoff, und es ging ums Sparen. Der Moderator brachte die neueste Statistik über den Kauf von Autos in Deutschland zur Sprache: Die kleinen Autos mit weniger PS, mit weniger Kraft und mit weniger Kraftstoffverbrauch verkaufen sich um 20 Prozent schlechter als alle anderen. Große Autos mit Power, mit Größe und mit Kraft haben um 30 Prozent zugelegt. Das ist die Realität. Solche simplen Beispiele widerlegen alle Einwände.

Der Theologe Dietrich Bonhoeffer, der im KZ am Ende des Krieges umgebracht wurde, hat aus dem Gefängnis ein hilfreiches Wort über die Kraft geschrieben:

„Gott gibt uns in jeder Notlage so viel Kraft,
wie wir brauchen.
Aber er gibt sie nicht im Voraus,
damit wir uns nicht auf uns selbst,

sondern auf ihn verlassen.
In solcher Zuversicht müssten alle Ängste
vor der Zukunft überwunden sein."

Wir wollen den Theologen und Märtyrer nicht nur bewundern, wir wollen uns ermutigen lassen, in allen Situationen der Kraft Christi zu vertrauen.

„Der Herr ist meines Lebens Kraft, vor wem sollte mir grauen?" (Psalm 27,1) Wie sieht unser Lebensstil aus, wenn dieses Psalmwort Wirklichkeit wird? Welche Lebenseinstellungen, welche Praktiken, welche Überzeugungen wollen wir verändern, damit mehr Ruhe, mehr Gelassenheit und mehr geistliche Lebensqualität Alltag und Sonntag bestimmen?

In ihm und aus ihm gewinnen wir Kraft

Ich habe als junger Mensch erfahren dürfen, was es heißt: „Seine Kraft ist in uns Schwachen mächtig." Ich wurde mit 15 Jahren Luftwaffenhelfer, dann Panzergrenadier. Ein Kindersoldat. Schon mit 17 Jahren kam ich in amerikanische Kriegsgefangenschaft. Wir sollten unser Vaterland verteidigen, unser Land vor schlimmen Feinden retten. Und dann erlebten wir den Zusammenbruch, das Ende aller Illusionen. Kinder in der Kriegsgefangenschaft, ohne Hoffnung, ohne Zukunft und ohne Perspektive. Wochenlang liefen wir herum, wie gelähmt, ein Häufchen Elend. Kraftlos vom Scheitel bis zur Sohle.

In dieser trostlosen Einsamkeit und Verlorenheit bin ich zum Glauben an Christus gekommen. Ein CVJM-Sekretär brachte wie ein Engel Licht in diese Dunkelheit und Verlorenheit. Wir waren eine kleine Gruppe von sieben jungen Gefangenen, die die Bibel lasen und ihre Hoffnung aus dem Wort Gottes schöpften. Das „Fähnlein der sieben Aufrechten!" So haben wir uns genannt.

Ich bin mit 123 Pfund in die Gefangenschaft gekommen, und bin fast mit dem gleichen Gewicht wieder herausgekommen. Viele rannten vor Hunger und Verzweiflung in den elektrischen Stacheldraht und starben. Wir bekamen die gleichen Portionen wie die anderen zu essen. Gott wirkte in meinem Organismus Wunder.

Ohne Resignation konnte ich schlafen, der Körper straffte sich, der Glaube belebte den ganzen Leib. Die Hoffnungslosigkeit verschwand scheibchenweise. Eine Perspektive ohne klare Konturen für später schälte sich heraus. Glaubend und vertrauensvoll haben

wir Schwachen,

wir Gefangenen,

wir Kriegsverlierer,

wir Gedemütigten und Kraftlosen

uns an den lebendigen Gott gewandt. ER hat uns Stärke vermittelt. ER hat uns Kraft geschenkt. Wir haben gesungen und haben es buchstäblich erlebt:

„ER macht schöne rote Wangen,
oft bei geringem Mahl.
Und die da sind gefangen,
die führt ER aus der Qual."
Wir haben es erlebt und können es bezeugen.
Wir haben es geglaubt und erfahren.

Und heute? Viele Jahre liegen dazwischen. Oft fehlt
mir in der schnelllebigen Zeit, wo uns der Zeitgeist
die wirkliche Besinnung raubt, dieses rückhaltlose
Vertrauen, es fehlt mir diese grenzenlose Gewissheit. Dabei komme ich doch gut zurecht. Alles ist
geplant und gesichert. Offensichtlich gibt es Krisen
und Konflikte. Aber der Horizont ist nicht völlig
verdunkelt. Katastrophen treiben uns nicht in die
Verzweiflung. Ich schäme mich, dass ich vieles so
selbstverständlich hinnehme. Im weitesten Sinne
leiden wir keinen Mangel. Viele brauchen IHN ver-
meintlich nicht.

Und doch: Hetze und Stress machen Getriebene
aus uns. Mit Ablenkungen, Spaß und Vergnügen
versuchen wir uns zu entspannten. Aber wirkliche
Zufriedenheit, wirkliche Gelassenheit und innere
Ruhe sind uns abhanden gekommen.

Wir haben es in der Hand, ob wir so weiterma-
chen, oder ob wir eine Kurskorrektur in Angriff
nehmen. Wir haben es in der Hand, ob wir seelische
Widerstandskräfte entwickeln – *Resilienz* – und

Schwierigkeiten an uns „abprallen", wir schwere Belastungen zurückstoßen können, wie es das Fremdwort ausdrückt.

Die verschiedenen Verhaltensmuster und Einstellungen, die wir benutzen, sind sicher in den vergangenen Kapiteln deutlich geworden. Jeder kennt seine Schwachstellen und Baustellen. Jeder kann seine Mängel in Augenschein nehmen.

Darum brauchen wir seelische Stärke, darum brauchen wir die innere Stabilität, die Ausgeglichenheit an Leib und Seele. Wir Ruhelosen und völlig in Anspruch genommenen brauchen Gottes Geist, der unsere Maßstäbe zurechtrückt und der uns Kraft verleiht, gegen den Zeitstrom zu schwimmen.

Wir brauchen Gottes Einsicht,
 um Wesentliches und Unwesentliches zu trennen.
Wir benötigen seine Weisheit,
 um nicht in die Opferrolle zu fallen.
Wir benötigen seine Kreativität und Fantasie,
 um Belastungen zu umschiffen.
Wir benötigen ein starkes Selbstbild,
 um über uns hinauszuwachsen.
Wir benötigen auch Humor,
 um nicht in Selbstmitleid zu versinken,
 um eine gesunde Distanz zu entwickeln
 und Missgeschicke zu verarbeiten.

Noch einmal möchte ich Ihnen dieses großartige Pauluswort vor Augen stellen, denn es vermittelt uns Gottes Kraft, um Vergangenes abzuschütteln, Angst und Verletzungen abzubauen und die schädlichen Faktoren der Umwelt zu bewältigen:

Meine Kraft ist in den Schwachen mächtig.
2. Korinther 12,9

Der lebendige Gott schenke Ihnen und mir diese heilsamen und lebensfrohen Kräfte, die uns zufrieden, ausgeglichen und gelassen machen.

Literaturhinweise

Was ist Resilienz? Ein Vorwort

[1] Heiko Ernst: Nicht unterzukriegen. In: Psychologie heute, 9/ 2005, S. 3.

Strategie Nr. 1:
Vorsätze realisieren – Prävention praktizieren

[1] Till Bastian: Seelenleben. Eine Bedienungsanleitung für unsere Psyche. München: Kösel 2010, S. 9.

[2] Wolfgang Schmidbauer: Alles oder nichts. Über die Destruktivität von Idealen. Reinbek b. Hamburg: Rowohlt 1990, S. 32 f.

[3] Viktor E. Frankl: Psychotherapie für jedermann. Freiburg / Basel / Wien: Herder 1971, S. 19.

[4] Alexandra Rigos: Resilienz. Die innere Stärke wecken. In: Geo Wissen, 48/ 2011, S. 154 ff.

[5] Gordon MacDonald: Tägliche Vorsätze. In: Aufatmen, 2/ 2011, S. 53.

Strategie Nr. 2: Gelassenheit einüben

[1] Sören Kierkegaard: Entweder – Oder. Teil 1. München: 1988.

[2] Byung-Chul Han, Müdigkeitsgesellschaft. Berlin: Matthes & Seitz 2010.

Strategie Nr. 3: Zufriedenheit praktizieren

[1] Gerhard Roth: Persönlichkeit, Entscheidung und Verhalten. Warum es so schwierig ist, sich und andere zu ändern. 7. Auflage. Stuttgart: Klett-Cotta 2011, S. 245.

[2] Gerhard Roth, a. a. O., S. 248.

[3] Aaron Antonovsky: Salutogenese. Zur Entmystifizierung der Gesundheit. Dt. erw. Hrsg. von Alexa Franke. Deutsche Gesellschaft für Verhaltenstherapie Tübingen. Tübingen: Dgvt-Verlag 1997.

Strategie Nr. 4: Bitterkeit ablegen

[1] Sim J. McMillen: Vermeidbare Krankheiten. Argumente eines Arztes an Hand der Bibel. 3. Auflage. Wuppertal: Aussaat 1970, S. 68.

[2] Sim J. McMillen, a. a. O., S. 72.

[3] Aus : Brennpunkt Seelsorge, 2/ 1977.

[4] Ute Eberle: Gefangen in der Schattenwelt. In: Geo Wissen 2011, S. 76 ff.

[5] Beverly Flanigan: Nicht vergessen und doch vertrauen. Heilung für seelische Wunden. Reinbek b. Hamburg: Rowohlt 1994, S. 154.

Strategie Nr. 5: Geduld trainieren

[1] William Barclay: Begriffe des Neuen Testaments. Wuppertal: Aussaat Verlag 1979, S. 124 f.

[2] Nico van der Voet, Warum muss ich immer helfen? Über Selbstbehauptung und Selbstverleugnung. Wuppertal/Zürich: Brockhaus 1995, S. 16 f.

[3] zitiert nach Chris Thurman, Du kannst es nicht jedem recht machen! Asslar: Schulte und Gerth 1993, S. 85.

[4] Gerhard Roth, a.a. O., S. 249 ff.

[5] vgl. Josef Pieper: Zucht und Maß. Über die vierte Kardinaltugend. München: Kösel 1960.

Strategie Nr. 6:
Krisen bewältigen – Leid überstehen

[1] Aus: Westdeutsche Zeitung 9.10.2010, S. 14.

[2] Samuel Pfeifer: Der sensible Mensch. Leben zwischen Begabung und Verletzlichkeit. Wuppertal: Brockhaus 2002, S. 131 ff.

[3] Viktor E. Frankl: Das kostbare Gut des Menschen. In: Saatkorn 5/ 2005, S. 253.

[4] Jay E. Adams: Befreiende Seelsorge. Theorie und Praxis einer biblischen Lebensberatung. Gießen/ Basel: Brunnen 1982, S. 111 f.

Strategie Nr. 7: Lebenslügen aufgeben

[1] Chris Thurman: Lügen, die wir glauben. Der Grund Nr. 1 für unser Unglücklichsein. Asslar: Schulte und Gerth 1991, S. 17.

[2] Die Gedächtnis-Systeme. In: Psychologie heute, 7/ 2012, S. 24.

[3] In: Psychologie heute, a. a. O., S. 23.

[4] Klaus Wilhelm: Bewegung ,löscht' Erinnerungen. In: Psychologie heute, 7/ 2012, S. 17.

[5] Klaus Wilhelm, a. a. O., S. 17.

[6] David Eagleman, Die Macht des Unbewussten. In: Psychologie heute, 7/ 2012, S. 34.

[7] Michael Gazzaniga im Gespräch mit Klaus Wilhelm: Die Illusion des freien Willens ist wichtig. In: Psychologie heute 7/ 2012, S. 36.

[8] James Bryan Smith: Das Biest in uns. In: Aufatmen, 1/ 1997, S. 26.

Strategie Nr. 8:
Das krank machende Prinzip
„Ganz oder gar nicht"

[1] James Dyson: Es lebe die Ochsentour. In: Welt am Sonntag, 32/ 2012, S. 8.

[2] Horst-Eberhard Richter: Der Gotteskomplex. Die Geburt und die Krise des Glaubens an die Allmacht des Menschen. Reinbek b. Hamburg: Rowohlt 1990.

[3] Horst-Eberhard Richter, a. a. O., S. 217 f.

[4] Richard Rohr/ Andreas Ebert: Das Enneagramm. Die 9 Gesichter der Seele. München: Claudius 1989, S. 34.

⁵ Wolfgang Schmidbauer: Alles oder nichts. Über die Destruktivität von Idealen. Reinbek b. Hamburg: Rowohlt 1990, S. 2.

⁶ Wolfgang Schmidbauer, a. a. O., S. 105.

⁷ Wolfgang Schmidbauer, a. a. O., S. 106.

⁸ Werner Huth: Glaube, Ideologie und Wahn. Das Ich zwischen Realität und Illusion. München: Nymphenburger 1984.

⁹ David Seamands: Befreit vom kindischen Wesen. Marburg: Francke 1990, S. 40.

¹⁰ David Seamands, a. a. O., S. 7.

Strategie Nr. 9:
„Meine Kraft ist in den Schwachen mächtig."

¹ Holger Schlageter: Nach burn kommt out. Lieber umdenken als umfallen. Sieben Strategien für ein besseres Leben. Asslar: adeo 2012

² Jürgen von Hagen: Asterix oder Idefix?. In: Antenne 01-02/ 2012, S. 5.

³ David Seamands: Heilung der Gefühle. Marburg: Francke 1986,S. 66 f.

⁴ Aus: Informationsrundbrief „Bekenntnisbewegung kein anderes Evangelium", 68/ 1978.

Reinhold Ruthe

geboren 1927 in Löhne, Kreis Herford. Verheiratet, eine Tochter. Studium am Seminar für Evangelische Jugendführung in Kassel. 11 Jahre Generalsekretär des CVJM in Hamburg.

Dort gründete er mit seiner Frau Charlotte die erste deutsche Eheschule, die in Verbindung mit Ärzten, Psychologen, Biologen, Rechtsanwälten und Pfarrern junge Menschen auf die Ehe vorbereitete. Daneben unterrichtete er das Fach Religion an einem Privatgymnasium.

Nach einer Ausbildung zum Eheberater am Berliner Zentralinstitut für Ehe- und Familienfragen und nach einer Ausbildung zum Psychotherapeuten für Kinder und Jugendliche leitete er bis zum Jahre 1990 die Ev. Familienberatungsstelle des Kirchenkreises Elberfeld. Er war 15 Jahre Dozent für Psychologie und Pädagogik an zwei staatlichen Fachschulen. Von 1986 bis 1999 arbeitete er mit Frau und Tochter als Ausbildungsleiter des von ihnen gegründeten Magnus Felsenstein Institutes für beratende und therapeutische Seelsorge.

Er hat die Entwicklung der Seelsorge und christlichen Psychologie entscheidend beeinflusst und schrieb über 140 Bücher zu Sexualpädagogik, Psychologie, Theologie, Ehe- und Familienberatung sowie Bildbände und Andachtsbücher.

365 Impulse für ein erfülltes Leben

An jedem Tag gelten uns Gottes Zusagen, Mahnungen
und Wegweisungen. Auf der Grundlage solch
hilfreicher Bibelworte entwickelt Reinhold Ruthe
seine Andachten voller Gedankenanstöße.
Sie sprechen mitten hinein ins Leben
und sind gewürzt mit beispielhaften Begebenheiten
und anschaulichen Zitaten.

Der bekannte Psychotherapeut bringt hier
auf wunderbar greifbare Weise seine seelsorgerliche
Erfahrung mit herausragenden Fundstücken
eines belesenen Lebens zusammen.

Lassen Sie diese Andachten zu Kostbarkeiten
in Ihrem Leben werden.

Reinhold Ruthe: Dein Wort gilt
384 Seiten, gebunden, 14 x 21 cm, mit Lesebändchen.
ISBN 978-3-86338-004-5